Sammlung Metzler
Band 293

Helmut Tervooren

Sangspruchdichtung

2., durchgesehene Auflage

Verlag J.B. Metzler Stuttgart · Weimar

Die Deutsche Bibliothek – CIP-Einheitsaufnahme

Tervooren, Helmut:
Sangspruchdichtung / Helmut Tervooren.
– 2., durchges. Aufl..
– Stuttgart ; Weimar : Metzler, 2001
    (Sammlung Metzler ; Bd. 293)
    ISBN 978-3-476-12293-3
    ISBN 978-3-476-02804-4 (eBook)
    DOI 10.1007/978-3-476-02804-4

SM 293

ISBN 978-3-476-12293-3
ISSN 0558 3667

© 2001 Springer-Verlag GmbH Deutschland
Ursprünglich erschienen bei J.B. Metzlersche Verlagsbuchhandlung
und Carl Ernst Poeschel Verlag GmbH in Stuttgart 2001
www.metzlerverlag.de
info@metzlerverlag.de

Inhalt

Abkürzungsverzeichnis

a) Lexika, Editionen, Sammelwerke

BMZ   Mittelhochdeutsches Wörterbuch, hg. v. G. F. *Benecke*, W. *Müller*, F. *Zarncke*, 3 Tle. in 4 Bdn. Leipzig 1854-1866. Nachdruck Hildesheim 1963.

CB   Carmina Burana. Mit Benutzung der Vorarbeiten W. *Meyers* krit. hg. v. A. *Hilka* u. O. *Schumann*. Bd. 1: Text, 3 Teile. Heidelberg 1930-1970. Bd. 2,1: Kommentar. Heidelberg ²1961.

GRLMA   Grundriß der romanischen Literaturen des Mittelalters. Hrsg. v. Hans Robert *Jauß* und Erich *Köhler*. Heidelberg 1968ff.

HMS   Minnesinger. Deutsche Liederdichter des 12., 13. und 14. Jahrhunderts. Hg. v. Friedrich Heinrich von der *Hagen*: 5 Teile in 4 Bdn. Teil 1-4 Leipzig 1838. Teil 5 und Atlas Berlin 1856. Nachdruck Aalen 1963.

HRG   Handwörterbuch zur deutschen Rechtsgeschichte, hg. v. A. *Erler* u. E. *Kaufmann*. 4 Bde. Berlin 1964ff.

KLD   Deutsche Liederdichter des 13. Jahrhunderts, hg. v. C. *von Kraus*, Bd. 1: Text 1952. Bd. 2: Kommentar, bes. v. H. *Kuhn*. 1958. 2. Aufl. durchges. v. G. *Kornrumpf.* Tübingen 1978.

Lexer   Mittelhochdeutsches Handwörterbuch, hg. v. M. *Lexer*. 3 Bde. Leipzig 1872-1878. Nachdruck Stuttgart 1979.

MF   Des Minnesangs Frühling. Unter Benutzung der Ausgaben von Karl *Lachmann* und Moriz *Haupt*, Friedrich *Vogt* und Carl *von Kraus* bearb. v. Hugo *Moser* u. Helmut *Tervooren*, Bd. I: Texte, 38. erneut revid. Aufl. Stuttgart 1988; Bd. II.: Editionsprinzipien, Melodien, Handschriften, Erläuterungen, 36. Aufl. Stuttgart 1977.

MGG   Die Musik in Geschichte und Gegenwart, hg. v. Friedrich *Blume*. 14 Bde. Kassel 1949-1968.

Moser, Kl. Schrr.
     Moser, Hugo: Studien zur deutschen Dichtung des Mittelalters und der Romantik. Kleine Schriften Bd. 2. Berlin 1984.

Moser, Mhd. Spruchdichtung
     Mittelhochdeutsche Spruchdichtung, hg. v. Hugo *Moser*. Darmstadt 1972 (WdF 154).

PL   Patrologiae cursus completus, Series II: Ecclesia latina, Bde. 1-221, hg. v. J. P. *Migne*. Paris 1841-64.

RL¹ᐟ²   Reallexikon der dt. Literaturgeschichte, hg. v. Paul *Merker* u. Wolfgang *Stammler*. 4 Bde. 1925-1931. 2. Aufl., hg. v. Werner *Kohlschmidt* u. Wolfgang *Mohr*. Berlin 1958-1984.

RSM   Repertorium der Sangsprüche und Meisterlieder des 12. bis 18. Jahrhunderts, hg. v. Horst *Brunner* und Burghart *Wachinger*. Tübingen 1986ff.

| SMS | Die Schweizer Minnesänger. Nach d. Ausgabe von Karl *Bartsch* neu bearb. u. hg. von Max *Schiendorfer*, Bd. 1: Texte. Tübingen 1990. |
| Verf.-Lex. | Die deutsche Literatur des Mittelalters. Verfasserlexikon. Begr. v. Wolfgang *Stammler*, fortgef. v. Karl *Langosch*, 5 Bde. Berlin 1933-55. – 2., völlig neu bearb. Aufl., hg. v. K. *Ruh* u.a., Bd. 1ff. Berlin 1978ff. |

b) Zeitschriften und Reihen

ATB	Altdeutsche Textbibliothek
Beitr.	Beiträge zur Geschichte der dt. Sprache und Literatur, Tübingen und Halle 1955-1979, seit 1980 nur Tübingen
DU	Der Deutschunterricht
DVS	Deutsche Vierteljahrsschrift für Literaturwissenschaft und Geistesgeschichte
EG	Études Germaniques
Euph.	Euphorion. Zeitschrift für Literaturgeschichte
GAG	Göppinger Arbeiten zur Germanistik
GRM	Germanisch-Romanische Monatsschrift
JEGPh	The Journal of English and Germanic Philology
MLR	The Modern Language Review
MTU	Münchener Texte und Untersuchungen zur dt. Literatur des Mittelalters
Neophil.	Neophilologus
QuF	Quellen und Forschungen
WdF	Wege der Forschung
WW	Wirkendes Wort
ZfdA	Zeitschrift für deutsches Altertum und deutsche Literatur
ZfdPh	Zeitschrift für deutsche Philologie
ZfrPh	Zeitschrift für romanische Philologie

c) Begriffe

afrz.	altfranzösisch
Bd(e).	Band/Bände
Bl(l).	Blatt/Blätter
dt.	deutsch
Festschr.	Festschrift
germ.	germanisch
Hs(s).	Handschrift(en)
hg./Hg(g).	herausgegeben/Herausgeber
lat.	lateinisch
md.	mitteldeutsch
mhd.	mittelhochdeutsch
mlat.	mittellateinisch
mndl.	mittelniederländisch

nd.	niederdeutsch
obd.	oberdeutsch
prov.	provenzalisch
pass.	überall
rom.	romanisch
Sb.	Sitzungsberichte
Zs(s).	Zeitschrift(en)

I. Vorwort und Problemaufriß

Wenn es das Ziel der Sammlung Metzler ist, »Auskünfte über die gesicherten Fakten« zu geben, »Realien zur Literatur« also, ist ein Band *Sangspruchdichtung* nicht zu schreiben. Das hat einmal seinen Grund darin, daß der Sangspruch keine »Naturform« ist, sondern eine wissenschaftliche Setzung des 19. Jahrhunderts, die von der Literaturgeschichtsschreibung als eigenständige Gattung niemals ganz akzeptiert wurde. Das heißt: Der Gegenstand des Bändchens ist in der Gattungstheorie nicht hinlänglich abgesichert, wiewohl immer wieder Versuche gemacht wurden. So unterschied man in terminologischen Klärungsansätzen zwischen dem »lyrischen oder Sangspruch«, der als Teil der mhd. Lyrik zu gelten habe, und dem »Sprech-Spruch«, der der mhd. didaktischen Poesie zuzuordnen sei. Das führt aber keinesfalls zu einer klaren Begrifflichkeit, denn didaktische Poesie ist auch der Sangspruch. Dennoch hat sich diese Unterscheidung in der Literaturgeschichtsschreibung eingebürgert, ja sie hat sich sogar in ihrer Abgrenzung für die gattungstheoretischen Diskussionen um den Sangspruch als fruchtbar erwiesen, weil sie den Untersuchungsgegenstand konzentrierte. Aber Vorbehalte blieben und bleiben, und so muß sich der Sangspruch trotz allem Zweifel an seiner gattungshaften Autonomie gefallen lassen.

Wer also eine Darstellung des Sangspruchs versucht, sollte diesen Sachverhalt kennen und bei der Konzeption berücksichtigen. Vor allem muß er einige Kriterien entwickeln, die begründen, daß eine monographische Beschäftigung mit ihm trotz der mangelnden theoretischen Fundierung sinnvoll und produktiv sein kann. Dafür, daß dies zutrifft, sprechen folgende Gründe:

- Die Sangspruchdichter entwickeln in Auseinandersetzung mit der zeitgenössischen Literatur, u.a. auch mit der dominanten Minnekanzone und ihren Autoren, Züge eines eigenen professionellen Bewußtseins.
- Der Sangspruch besitzt – auch wenn man ihn nur im Rahmen der Liebesdichtung betrachtet – neben seiner historischen Kontinuität über einen längeren Zeitraum ihm eigentümliche inhaltliche und formale Merkmale.

– Der Sangspruch gewinnt nach punktuellen Ausprägungen im
  12. Jahrhundert und bei Walther erst im 13. Jahrhundert seinen
  Höhepunkt. Dies liegt im Zuge einer allgemeinen Entwicklung,
  die neue literarische Gattungen herausbildet. Das sind neben Mä-
  ren, *bîspel*, mystischen Traktaten, Briefen, geistlichen Spielen eben
  auch in einem breiteren Rahmen Sangsprüche. Daß sich auch in
  der Romania um diese Zeit eine vergleichbare literarische Erscheinung (*cobla, sirventes*) ausbreitet, unterbaut die Tendenz.

Angesichts dieser Sachlage empfiehlt es sich aber, eine breitere Diskussion über Begriff und Terminologie zunächst einmal auszu-
blenden und pragmatisch von einer negativen Definition auszuge-
hen, die im Kern weitgehend mit der klassischen Definition Simrocks übereinstimmt: Sangspruch ist im Rahmen der Lieddichtung
alles, was nicht Liebesdichtung ist. Der zeitliche Rahmen um-
spannt das ausgehende 12. und 13. Jahrhundert, d.h. Herger, Walther und die Dichter des 13. Jahrhunderts bis Frauenlob und Regenbogen. Ein solches Vorgehen schließt nicht aus, daß auch Un-
gesichertes und Hypothetisches in die Darstellung einfließt, aber
es gewährleistet, daß die letztlich vielleicht nicht lösbaren Fragen
des Gegenstandes, die klassische Frage nach der Abgrenzung von
Lied und Spruch, die Grenzziehung zwischen Sangspruch und
Meistersang und das Verhältnis des Sangspruchs zu seinen subliterarischen Wurzeln erst dann zur Sprache kommen, wenn die
›Realien‹ bekannt sind.

Diese klärenden Bemerkungen sind u.a. auch deswegen nötig,
weil es offenbar eine gewisse *opinio communis* zu dem gibt, was
Sangspruchdichtung sei – man kann sie in den Literaturgeschichten
aufspüren –, aber noch keinen Versuch, die Gattung und ihre Geschichte darzustellen (was vielleicht auch noch nicht möglich war,
bevor die monumentale Materialsammlung des *Repertorium[s] der
Sangsprüche und Meisterlieder* von H. Brunner und B. Wachinger
vorlag). Einzelaspekte haben aber (z.T. zeitbedingt) sehr wohl das
Interesse der Literaturwissenschaft erregt. Da ist natürlich Walther
von der Vogelweide, der aus moderner Sicht überragende Vertreter
der Gattung, der wissenschaftliche, aber auch ideologische Interessen bündelte. Dies führte zu Verzerrungen im Bild der Gattung bzw.
der Gattungsentwicklung und war nicht unbedingt zum Nutzen der
Sangspruchforschung. Da waren weiter vorwiegend ästhetisierende
Grundpositionen in der Forschung zur mhd. Lyrik, deren Vertretern
didaktische Lyrik als eine *contradictio in adiecto* erschien. (Man lese
unter diesem Blickwinkel nur einmal die Einleitung Gustav Roethes

zu seiner Ausgabe Reinmars von Zweter. Die dort geübte Wertungs-
freudigkeit hat nicht nur die Zeitgenossen beeindruckt.)

Überhaupt ist Gustav Roethe ein *leitestern* der Sangspruchdichtung. Ein Glücksstern im 19. Jahrhundert. Denn obwohl er der erste war, der sich intensiv mit dem Sangspruch beschäftigte, gelang
ihm ein großer Wurf: Seine Untersuchungen wurden zu einer frühen (zu frühen) »Summe« der Forschung, der sich viele Jahrzehnte
niemand entziehen konnte und die bis heute in ihren positivisti-
schen Partien nicht ersetzt ist. Aber sie wurde auch zu einer Hypo-
thek, da sie mit Material und Analysen Wertungen verband, die in
ihrem Geist und ihrer Ästhetik der Gründerzeit verpflichtet waren.
Hier steht »echte« Lyrik (d.i. Gefühl) gegen Didaktik (d.i. Rationa-
lismus), Klassik (d.i. Walther) gegen Epigonen (fast alles nach Walther), Deutschtum gegen ultramontane Positionen.

Eine Übersicht über die Sangspruchdichtung sollte drei Fehler
vermeiden, die für die frühe Forschung kennzeichnend sind:

– Sie sollte es vermeiden, die Übersicht an Walther auszurichten
  (auch wenn Impulse und Innovationen in der Regel von ihm
  ausgingen). Sie sollte nicht die kontemporäre bzw. folgende
  Sangspruchdichtung vernachlässigen. Verallgemeinernde Aussagen zur Sangspruchdichtung sollten darum immer daraufhin ge-
  prüft werden, ob sie nicht (bewußt oder unbewußt) mit Blick
  auf Walther getroffen werden.
– Mit dieser Forschungshaltung zusammenhängend, vielleicht sogar unmittelbar aus dem Werk Walthers erklärbar, sollte die begriffliche Vermengung von Sangspruchdichtung und »politischer
  Dichtung« vermieden werden. Diese Begriffe sind keine Synony-
  me und definitorisch und phänomenologisch präzis zu trennen.
  Die Interpretation von Walthers Verhältnis zur Politik etwa wurde
  zu stark durch die Orientierung der Interpreten an bürgerlichen
  oder liberalen Leitlinien des 19. und 20. Jahrhunderts bestimmt.
  Auch heutige Tendenzen, Sangspruchdichter mit »Liederma-
  chern« oder politischen Chansonniers zu vergleichen, aktualisie-
  ren vielleicht die historischen Texte, tragen aber nicht entscheidend zu ihrer historischen Situierung bei. Die mittelalterlichen
  Sänger sind bis auf Einzelaspekte konservativ und an der Wie-
  derherstellung des Guten und Alten interessiert.
– Man sollte Sangspruchdichtung nicht als Appendix des Minnesangs verstehen (mit dem sie natürlich in einem Gattungszusam-
  menhang steht), und man sollte sich nicht in (dichotomische)
  Systematisierungen, in Gattungs- und Begriffsdefinitionen ver-

lieren, was leicht geschehen kann, weil, abgesehen von wenigen
Autoren, das Individuelle des Autors stärker hinter das Grup-
penspezifische zurücktritt.

Alle drei Aspekte charakterisieren Forschungspositionen, ein Blick
in die Geschichte der Forschung zeigt das zur Genüge, aber alle drei
reflektieren auch nicht adäquate Lyrik- bzw. Sangspruchkonzepte.
Ich habe mich bemüht, all dies zu beachten. Im übrigen betrachte
ich diesen Metzler-Band als einen Versuch, das weitgehend bekannte
Material zum Sangspruch zusammenzutragen, es in argumentative
Zusammenhänge zu stellen (d.h. auch, es in eine didaktische Ordnung zu bringen) und ein möglichst zuverlässiges Bild vom Stand
der Forschung zu geben. Gelegentlich habe ich mir Hinweise auf
Forschungsdefizite erlaubt, auch Kritik geäußert und Lösungen vor-
geschlagen. Was ich nicht wollte (und z.Zt. auch nicht konnte), war,
eine Geschichte der Sangspruchdichtung zu schreiben. Notwendig
wäre es allerdings, endlich einmal den Versuch zu wagen, sei es im
Rahmen der Geschichte der gesamten mittelalterlichen deutschen
Lyrik oder als eigenständige Monographie.
Zur Benutzung des Bändchens ist noch folgendes anzumerken.
Die Textbelege stützen sich auf die gängigen Ausgaben, die in Kap.
II und / oder im Abkürzungsverzeichnis zusammengestellt sind. Seltener zitierte Ausgaben sind an Ort und Stelle durch Verweis auf
Herausgeber und Erscheinungsjahr markiert. Sekundärliteratur im
laufenden Text ist durch Autor und Erscheinungsjahr ausgewiesen,
die Auflösung erfolgt in der Bibliographie, die zu jedem Kapitel zusammengestellt ist. Die Sekundärliteratur (nicht die Editionen!) zu
den einzelnen Sangspruchdichtern ist nicht vollständig aufgeführt,
sondern nur so weit, wie sie für die Gattung ›Sangspruch‹ und ihre
Geschichte wichtig ist. Der Benutzer wird darum über das Bändchen hinaus das *Verfasserlexikon* bzw. Personalbibliographien benutzen müssen, wenn er zu einzelnen Dichtern vollständig informiert
werden will. Gelegentliche Wiederholungen ergaben sich aus der
Komplexität der Materie und dem Bestreben, eine gewisse Systematik einzuhalten.
Zu danken habe ich meinen Duisburger Mitarbeitern Martina
Klug, Markus Mueller und Jörg Zimmer für die Hilfe bei der Erstellung der Druckvorlage und für das Lesen der Korrektur. Thomas
Bein (Bonn), Gaby Herchert (Duisburg) und Edith Wenzel (Berlin)
haben mein Manuskript in verschiedenen Stadien gelesen und mir
mit Kritik und Zuspruch sehr geholfen. Dafür ein herzliches Danke
an dieser Stelle.

Im 2. Nachdruck ist die wichtigste Literatur, die zwischen 1995 und 2000 erschienen ist, nachgetragen.

Dafür, daß auch manches Versehen und mancher Druckfehler verbessert werden konnte, danke ich Jens Haustein (Jena) und Eberhard Nellmann (Bochum).

II. Die Überlieferung

1. Editionen und Editionsproblematik

Die frühen Herausgeber trennen Minnesang und Sangspruchdichtung noch nicht und fassen sie in ersten »Gesamteditionen« zusammen. Die erste stammt von den Züricher Literaturforschern Bodmer und Breitinger. Sie edieren nicht ohne lokalhistorischen Bezug die sogenannte *Manessische Liederhandschrift* (d.h. die große Heidelberger Liederhandschrift C). Die älteste Ausgabe aller zu Beginn des 19. Jahrhunderts bekannten Quellen zur mhd. Lyrik stammt von Friedrich Heinrich von der Hagen. Während die Ausgabe von Bodmer und Breitinger nur noch für Fragen der Rezeption mhd. Lyrik in der Neuzeit von Interesse ist, haben von der Hagens »Minnesinger« noch konkrete wissenschaftliche Bedeutung. Nicht für den Minnesang, dort sind sie schon bald von moderneren Ausgaben ersetzt worden, aber für die Sangspruchdichtung, wo sie nach wie vor die einzige »Gesamtausgabe« darstellen und für mehr als ein Dutzend Autoren auch die einzige relativ vollständige Edition. Rumelant von Sachsen und Regenbogen sind die bedeutendsten (hier wären moderne Ausgaben dringend erforderlich), aber auch Gervelin, Hardegger, der Henneberger, Reinholt von der Lippe u.a. sind zu nennen.

Editionen zur Sangspruchdichtung konzentrieren sich in der Folgezeit auf einzelne Autoren (Walther von der Vogelweide, Bruder Wernher, Reinmar von Zweter, der Marner, Friedrich von Sonnenburg, Frauenlob), wobei einige für ihre Zeit mustergültig kommentierte Ausgaben gelangen, die bis heute ihren Wert erhalten haben (dies gilt in einem besonderen Maße für die Ausgabe Reinmars von Zweter durch Gustav Roethe). Das konnte nicht zuletzt deswegen geschehen, weil sie vor der Zeit einer überzogenen Konjekturalkritik entstanden und darum überlieferungsnah waren. Überhaupt ist die Sangspruchdichtung (anders als der Minnesang) von den Bemühungen um neue Editionskonzeptionen und -formen kaum berührt worden, da nennenswerte größere Editionen erst wieder in Angriff genommen wurden, als sich im Streit um die Lachmannsche Methode die Waage zugunsten von handschriftengetreueren Textwiedergaben neigte.

2. Die wichtigsten Ausgaben

2.1 Anthologien

Hagen, Friedrich Heinrich von der (Hg.): Minnesinger. Deutsche Liederdichter des 12., 13. und 14. Jahrhunderts, 5 Teile in 4 Bdn. Teil 1-4 Leipzig 1838. Teil 5 und Atlas Berlin 1856. Nachdruck Aalen 1963.

Bartsch, Karl (Hg.): Meisterlieder der Kolmarer Handschrift. Stuttgart 1862 (STLV 68).

Moser, Hugo/*Tervooren*, Helmut (Hgg.): Des Minnesangs Frühling. Unter Benutzung der Ausgaben von Karl Lachmann und Moriz Haupt, Friedrich Vogt und Carl von Kraus, 38. Aufl. Stuttgart 1988 (1. Auflage: 1856).

Schiendorfer, Max (Hg.): Die Schweizer Minnesänger. Nach der Ausgabe von K. Bartsch neu bearbeitet. Tübingen 1990 (1. Auflage: 1886).

Kraus, Carl von (Hg.): Deutsche Liederdichter des 13. Jahrhunderts, Bd. 1: Text, Tübingen 1952. Bd. 2: Kommentar, besorgt von Hugo Kuhn, Tübingen 1958. 2. Aufl. durchgesehen v. Gisela Kornrumpf. Tübingen 1978.

Hilka, Alfons/*Schumann*, Otto (Hgg.): Carmina burana. Mit Benutzung der Vorarbeiten W. Meyers. Bd. 1: Text, 3 Teile. Heidelberg 1930-1970. Bd. 2/1: Kommentar. Heidelberg [2]1961.

Boor, Helmut de (Hg.): Mittelalter. Texte und Zeugnisse, 2 Bde. München 1965 (Die deutsche Literatur. Texte und Zeugnisse 1).

Müller, Ulrich (Hg.): Politische Lyrik des deutschen Mittelalters. Texte I: Von Friedrich II. bis Ludwig dem Bayern. Göppingen 1972 (GAG 68).

Cramer, Thomas (Hg.): Die kleineren Liederdichter des 14. und 15. Jahrhunderts, 4 Bde. München 1977-1985.

Epochen der deutschen Lyrik, Bd. 1: Gedichte von den Anfängen bis 1300, hg. von Werner Höver und Eva Kiepe. München 1978; Bd. 2: Gedichte 1300-1500, hg. v. Eva und Hansjürgen Kiepe. München 1978.

Schweikle, Günther (Hg.): Mittelhochdeutsche Minnelyrik. Band 1: Frühe Minnelyrik. Texte und Übertragungen, Einführung und Kommentar. Stuttgart/Weimar 1993.

2.2 Einzelausgaben

Lachmann, Karl (Hg.): Die Gedichte Walthers von der Vogelweide, 1843. 13. aufgrund der 10. von C. von Kraus bearb. Ausg. neu hg. H. Kuhn. Berlin 1965.

Ettmüller, Ludwig (Hg.): Heinrichs von Meissen des Frauenlobes Leiche, Sprüche, Streitgedichte und Lieder. Quedlinburg und Leipzig 1827.

Strauch, Philipp (Hg.): Der Marner. Straßburg und London 1876 (QuF 14). Neudruck. Mit einem Nachwort, einem Register und einem Literaturverzeichnis von H. *Brackert*, Berlin 1965 .

Zingerle, Oswald (Hg.): Friedrich von Sonnenburg. Innsbruck 1878 (Aelt. Tirol. Dichter II. 1).

Roethe, Gustav (Hg.): Die Gedichte Reinmars von Zweter. Leipzig 1887. Nachdruck Amsterdam 1966.

Seydel, W. (Hg.): Meister Stolle nach der Jenaer Handschrift. Diss. Leipzig 1892.

Tolle, Georg (Hg.): Der Spruchdichter Boppe. Versuch einer kritischen Ausgabe seiner Dichtungen. Progr. Sondershausen 1894.

Schönbach, Anton Ernst: Beiträge zur Erklärung altdeutscher Dichtwerke. Drittes und viertes Stück. Die Sprüche des Bruder Wernher I. II. Wien 1904 (Sb d. Kaiserl. Akademie der Wissenschaften in Wien, Phil.-hist. Kl. Bd. 148, VII, Bd. 150, I)

Onnes, Helena: De Gedichten van Herman der Damen. Diss. Groningen 1913.

Schlupkoten, P.: Herman Dâmen. Untersuchung und Neuausgabe seiner Gedichte. Diss. Marburg 1911 (Teildruck), Breslau 1913.

Brodt, Heinrich Peter (Hg.): Meister Sigeher. Breslau 1913 (Germ. Abh. 42). Nachdruck Hildesheim 1980.

Siebert, Johannes: Der Dichter Tannhäuser. Leben – Gedichte – Sage. Halle 1934. Nachdruck Hildesheim 1977.

Rompelman, Tom Albert (Hg.): Der Wartburgkrieg. Diss. Amsterdam 1939 (Teilausgabe).

Schröder, Edward (Hg.): Kleinere Dichtungen Konrads von Würzburg III. Die Klage der Kunst, Leiche, Lieder und Sprüche. 2. Auflage mit einem Nachwort von L. Wolff, Berlin 1959 (DTM 50–52).

Stackmann, Karl (Hg.): Die kleineren Dichtungen Heinrichs von Mügeln. 3 Bde. Berlin 1959 (DTM 50-52).

Maurer, Friedrich (Hg.): Die Lieder Walthers von der Vogelweide. 1. Bändchen: Die religiösen und die politischen Lieder. Tübingen 1964 (ATB 43).

Wangenheim, Wolfgang von: Das Basler Fragment einer mitteldeutsch-niederdeutschen Liederhandschrift und sein Spruchdichter-Repertoire (Kelin, Fegfeuer). Bern und Frankfurt/M. 1972 (Europäische Hochschulschriftenreihe I, Bd. 55).

Objartel, Georg: Der Meißner der Jenaer Liederhandschrift. Untersuchungen, Ausgabe, Kommentar, Berlin 1977 (Phil. Studien u. Quellen 85).

Masser, Achim (Hg.): Die Sprüche Friedrichs von Sonnenburg. Tübingen 1979 (ATB 86).

Bertau, Karl/ *Stackmann*, Karl (Hgg.): Frauenlob (Heinrich von Meissen). Leichs, Sangsprüche, Lieder. 2 Teile. Göttingen 1981 (Abh. d. Wiss. in Göttingen. Philolog. – hist. Kl., 3. Folge, Nr. 119/120).

Bruder Wernher. Abbildung und Transkription der gesamten Überlieferung, hg. von F.V. *Spechtler*. Göppingen 1981 (Litterae 27).

Peperkorn, Günter: Der Junge Meißner. Sangsprüche, Minnelieder, Meisterlieder, München 1982 (MTU 79).

Wabnitz, Ulrike: Sanc ist der kvnst eyn gespiegel trymz. Herman der Damen und seine Dichtung. Amiens 1992 (WODAN 14).

Schweikle, Günther: Walther von der Vogelweide. Werke, Gesamtausgabe. Bd. 1: Spruchlyrik. Mhd./Nhd., hg., übersetzt und kommentiert von G. Schweikle. Stuttgart 1994 (RUB 819).

Für das fehlende editorische Engagement bei der Sangspruchdichtung – Walther von der Vogelweide immer ausgenommen – muß man letztlich eine vorwiegend ästhetisierende Grundposition der Forschung zur mhd. Lyrik verantwortlich machen: ein Erbe der Romantik. Die Forschung interessierte sich allemal mehr für subjektiv gefärbte Liebeslyrik als für versifizierte und komponierte Didaktik. Eine Neubearbeitung bzw. Neuausgabe erfuhren nur die Ausgaben von drei Sangspruchdichtern: Friedrich von Sonnenburg, Frauenlob und Hermann Damen. Das ist wenig, wenn man sieht, wie intensiv sich die Editoren mit den klassischen Sammlungen der Liebeslyrik, mit Walther oder Neidhart befaßt haben.

Man muß an dieser Stelle aber nachdrücklich darauf verweisen, daß diese Interessenlage nicht der mittelalterlichen entspricht, wie die Überlieferung eindeutig ausweist: Die bedeutenden Sangspruchdichter haben in der Regel eine größere Überlieferungsbreite als die großen Minnesänger. Im Minnesang – sieht man einmal von dem Sonderfall Neidhart ab – weist Reinmar von Hagenau mit fünf Überlieferungszeugen die höchste Überlieferungsdichte auf. Dem stehen Sangspruchœuvres mit 20 und mehr Textzeugen gegenüber, etwa Konrad von Würzburg (19 Hss.), Reinmar von Zweter (26 Hss. bzw. Hss.-Fragmente) oder Frauenlob (über 30, allerdings nicht nur Sangspruchtöne).

Die größere Überlieferungsbreite geht allerdings mit größeren Überlieferungsdivergenzen in den Handschriften, auch in den kontemporären, einher. Während die bedeutenden Minnesanghandschriften A, B und C im Wortlaut der Minnelieder größte Übereinstimmungen aufweisen, gibt es etwa zwischen der großen Heidelberger Handschrift C und der um einige Jahrzehnte jüngeren Jenaer Handschrift auffallende Abweichungen im Wortlaut, besonders bei Strophen mit konkret-aktuellen Bezügen. Es scheint so, daß für politisch interessierte Hofkreise (Staufer, Babenberger, Habsburger, Premysliden) der politische Kontext entscheidend wichtig war, bei kleineren Höfen dagegen oder in den Kemenaten das Exemplarische. (Die Überlieferung zu Bruder Wernher ist hier ein gutes Studienfeld.) Auch die spätere Überlieferung interessierte die politische Lyrik wenig. Es gibt keine politischen Meisterlieder, die die Tradition des 13. Jahrhunderts aufgenommen hätten.

Dies erleichtert die Editionsproblematik keineswegs. Sie liegt zwar in Sangspruch-Ausgaben prinzipiell nicht anders als bei Minnesang-Ausgaben, aber sie muß dort noch grundsätzlicher gefaßt werden, denn der kontaminierende kritische Text Lachmannscher Provenienz entspricht dem Sangspruch noch weniger als dem Minnelied. Das leuchtet schon aus sozioliterarischen Gründen ein. Die Verfasser von Sangspruchdichtung sind in der Regel niederen Standes und nicht seßhaft. Das Wohlwollen ihres Publikums ist darum für sie existentieller als für ihre adligen und etablierten Kollegen. Daß das bis heute gern zitierte Sprichwort »Wes Brot ich eß, des Lied ich sing«

zum ersten Mal bei einem Sangspruchdichter (Der tugendhafte
Schreiber, HMS II,153: XII,2,12f.) überliefert ist, hat eine innere
Logik und beweist zur Genüge: Die Sangspruchdichter haben sich
ständig neu auf Situation und Publikum einzustellen. Das konnte
nicht ohne Folgen für den Wortlaut ihrer Texte und das Engagement ihrer Strophen sein. Eine definitive Gestalt – das bestätigt die
Instabilität der Überlieferung – ist ihren Produkten fremd.

Ein besonderes Problem der Überlieferung kommt hinzu. Die
Sangspruch-Überlieferung hat ein eigentümliches Profil. Nach einer
Kumulation von Handschriften im 14. Jahrhundert folgt eine Lücke
von etwa 100 Jahren, bevor wieder eine größere Anzahl von Handschriften faßbar wird, die Sangsprüche überliefern. Sie stehen allerdings in einer neueren Tradition, in der Tradition der Meistersinger.
Für die meisten Sangspruchdichter spielt zwar diese späte Überlieferung nur eine unerhebliche Rolle, aber für die Dichter, deren Töne
von Meistersingern übernommen wurden, ergeben sich gravierende
Editionsprobleme. Es stellt sich bei dieser Überlieferungslage nämlich die Frage, ob die Meistersänger mit der Übernahme der Melodie auch echtes Textgut übernahmen. Da die meistersingerische
Tradition auf feste Gesätze angelegt ist, etwa auf Dreier- oder Fün-
ferbare, die ältere Spruchdichtung aber vom Zwang starrer Mehrstrophigkeit noch frei war und darum noch Einzelstrophen und un-
feste, mehr oder weniger eng verbundene Gruppen kannte, könnten
zur Auffüllung der Bare neue Strophen hinzugedichtet bzw. der
Wortlaut im neuen Überlieferungszusammenhang den Bedürfnissen
des neuen Arrangements angepaßt worden sein.

Die Regenbogen-Überlieferung macht die Problematik besonders
augenfällig. Von ihm überliefern knapp 40 Handschriften weit über
1000 Strophen in knapp 20 Tönen. Aber nur die fünf Strophen in
einem Ton der Manessischen Handschrift und weitere sechs Strophen aus einem neu entdeckten Fragment können mit Sicherheit
für ihn reklamiert werden. Bei drei anderen Tönen ist die Echtheit
zu erwägen.

3. Die Handschriften

Die Sangspruch- und Meisterlied-Überlieferung ist akribisch doku-
mentiert in dem monumentalen Regestenwerk *Repertorium der
Sangsprüche und Meisterlieder des 12. bis 18. Jahrhundert* hg. v. Horst
Brunner u. Burghart Wachinger. 16 Bde. Tübingen 1986ff. (=RSM).

Jede wissenschaftliche Beschäftigung mit dem Sangspruch wird davon ausgehen müssen. (Die speziellen Walther-Handschriften sind im folgenden nicht aufgeführt.)

3.1 Pergamenthandschriften (13. und 14. Jahrhundert)

(Die Hss. sind in der üblichen Weise kurz beschrieben: Name, Aufbewahrungsort, Signatur, Beschreibstoff, Format, Alter und Herkunft. Die Literaturangaben verstehen sich als Hinweise auf bibliographische Sammlungen. Daß zu jeder Hs. das RSM herangezogen werden muß, versteht sich von selbst.)

A Die sogenannte »Kleine (oder alte) Heidelberger Liederhandschrift«. Universitätsbibliothek Heidelberg cod. pal. germ. 357. Pergament, 45 Bll. 18,5 x 13,5 cm. Wahrscheinlich die älteste der großen Lyrik-Hss. Sie »datiert aus dem 13. Jahrhundert, etwa um 1275. Ihre Sprache weist ins Elsaß, evtl. nach Straßburg. Man geht wohl nicht fehl, in ihr eine Sammlung des Stadtpatriziats zu sehen«.
Lit.: MF II, S. 39f.
Voetz (s. zu C, Mittler/Werner), S. 232-234.

C Die »große Heidelberger bzw. Manessische Liederhandschrift« (früher »Pariser Liederhandschrift«). Universitätbibliothek Heidelberg cod. pal. germ. 848. Pergament, 426 Bll. 35,5 x 25 cm. 138 ganzseitige Miniaturen. Wohl Anfang des 14. Jahrhunderts in Zürich geschrieben. Sie enthält Gedichte (Lieder und Leiche) von 140 namentlich genannten Dichtern.
Lit.: MF II, S. 42-47.
G. Kornrumpf, Verf.-Lex. 3, 584-597.
Mittler, Elmar/Werner, Wilfried (Hgg.): Codex Manesse. Katalog zur Ausstellung. Heidelberg 1988.
Brinker, Claudia/Dione Flühler-Kreis (Hgg.): Die Manessische Liederhs. in Zürich. Zürich 1991.

D Universitätsbibliothek Heidelberg cod. pal. germ. 350. Pergament, 69 Bll. 24 x 15,5 cm. Teil I., d.h. Bll. 1-43 (Reinmar von Zweter-Corpus), vielleicht noch 13. Jahrhundert, alemanisch mit Mitteldeutsch durchsetzt. Angebunden ist H.
Lit.: KLD I, S. XXII.
B. Wachinger, Verf.-Lex. 3, 597-606.

E Die »Würzburger Liederhandschrift«, heute Universitätsbibliothek München 2° Cod. ms. 731 (Cim.4). Pergament, 285 Bll. 34,5 x 26,5 cm. Geschrieben ca. 1345-1354 in Würzburg. Diese Sammlung stellt den 2.Teil des »Hausbuches« Michaels de Leone dar.
Lit.: MF II, S. 48-50.
Voetz (s. zu C, Mittler/Werner), S. 254-256.

H Angebunden an **D**. Bll.43-64. 1. Hälfte des 14. Jahrhunderts, zusam-
   mengebunden mit der älteren Sammlung **D**. Schreibsprache mitteldeutsch. Lieder in Tönen des Manners, Frauenlobs und Regenbogens.
   Lit.: s. **D**

J Die Jenaer Liederhandschrift. Universitätsbibliothek Jena Ms. El. f. 101.
   Pergament 133 Bll., 56 x 41 cm (!). Wohl um die Mitte des 14. Jh. in
   einer nd. Schreibstube entstanden. Sie enthält 28 Sangspruchdichter und
   den ›Wartburgkrieg‹. Ihren besonderen Wert erhält die Hs. durch die
   Singweisen, die fast jedem Ton beigegeben sind (insgesamt 91 Melodien).
   Lit.: MF II, S. 53-56.
        Stackmann 1981, S. 59-64.
        Voetz (s. zu **C**, Mittler/Werner), S. 256-259.
        Wachinger, Verf.-Lex. 4, 512-516.

n Niederrheinische Liederhandschrift der Leipziger Ratsbibliothek Rep. II
   fol. 70^a, jetzt in der Universitätsbibliothek Leipzig. Pergament, 102 Bll.,
   Kleinfolio, Ende des 14. Jh.s. Sie enthält ohne Verfasserzuweisung auf
   Bl. 91ra-93rb und auf Bl. 94va-96ra vorwiegend Spruchstrr. und eine
   mehrstrophige Minnerede.
   Lit.: MF II, S. 58.
        Stackmann 1981, S. 73-79.
        G. Kornrumpf, Verf.-Lex. 6, 995-998.

s Die »Haager Liederhandschrift«. Königliche Bibliothek im Haag, früher
   721, jetzt: 128 E 2. Pergament, 67 Bll. in Kleinfolio. Entstanden um
   1400. Sie enthält in einer eigentümlichen Mischsprache etwa 115 »Lyri-
   ca« (Lied- und Spruchstrophen, Minnereden) u.a. von Walther, Reinmar von Hagenau, Frauenlob.
   Lit.: MF II, S. 59f.
        Stackmann 1981, S. 55.
        I. Glier, Verf.-Lex. 3, 358-360.

W Wien, Österreichische Nationalbibliothek Cod. Vind. 2701. Pergament,
   50 Bll. 24,3 x 16,6 cm. Entstanden im 14. Jahrhundert. Ostmittel-
   deutsch, wohl Schlesisch, mit Melodien. Strophen Reinmars von Zweter, Frauenlobs und des wilden Alexanders.
   Lit.: Stackmann 1981, S. 120-124.
        KLD I, S. XXXIIIf.

3.2   Papierhandschriften (15. Jahrhundert)

a München, Bayerische Staatsbibliothek cod. germ. mon. 1018. Papier.
   48 Bll. 20 x 14,5 cm. 2. Hälfte des 15. Jahrhunderts. Nordalemanni-

sche Herkunft. Lieder in Tönen Frauenlobs, Regenbogens, Marners, des Kanzlers, des Brennenbergers u.a.
Lit.: Stackmann 1981, S. 20-30.

d Dresden, Sächsische Landesbibliothek M 13. Papier. 29 Bll. 29,5 x 21,2 cm. Entstanden um 1440 in Schwaben. Lieder in Tönen des Kanzlers, Frauenlobs, Regenbogens, des Marners u.a. (In der Frauenlobforschung hat sie die Sigle **p**)
Lit.: Stackmann 1981, S. 82-91.
Schanze I, 1983, S. 100-103.

f Die »Weimarer Liederhandschrift«. Weimar, Herzogin Anna Amalia Bibliothek quart. 564. Papier, 142 Bll. 15 x 18,6 cm. 2. Hälfte des 15. Jh.s. aus der Gegend um Nürnberg. Lieder Frauenlobs, Walthers u.a.
Lit.: MF II, S. 50f.
Stackmann 1981, S. 37-48.
Voetz (s. zu **C**, Mittler/Werner), S. 261-263.

h Heidelberg, Universitätsbibliothek, cod. pal. germ. 392. Papier. IV+141+IV Bll. (Blattverluste), 20,1 x 15,4 cm. Entstanden zwischen 1481 und 1500. Schreibsprache Schwäbisch. Meisterliedersammlung mit 150 Liedern.
Lit.: Stackmann 1959, S. XXXII-XXXVI.
Schanze I, 1983, S. 108-114.

k »Kolmarer Liederhandschrift«. München, Bayerische Staatsbibliothek cod. germ. mon. 4997 (Cim. 105). 854 Bll. Papier 29,3 x 20,1 cm. Entstanden um 1470, vielleicht in Mainz. Schreibsprache Mitteldeutsch, wohl rheinfränkisch. Mit etwa 940 Liedern und Leichs die umfangreichste Sammlung zum Meistersang. (Führte früher die Sigle **t**).
Lit.: Stackmann 1981, S. 102-112.
Schanze I, 1983, S. 35-59.
B. Wachinger, Verf.-Lex. 5, 27-39.

m München, Bayerische Staatsbibliothek cod. germ. mon. 351. 276 Bll. Papier, 21 x 14 cm. Ab Bl. 186^r eine Liedsammlung. Entstanden im 15. Jahrhundert. Schreibsprache Ostfränkisch (Nürnberg?). Meisterliedsammlung.
Lit.: Stackmann 1981, S. 97-101.
Schanze I, 1983, S. 87-94.

w Wiltener Handschrift. München, Bayerische Staatsbibliothek cod. germ. mon. 5198 (Cim 398). Papier, 176 Bll. 30,5 x 21,1 cm. Um 1500 geschrieben, bairisch-österreichisch. Meisterliedsammlung.
Lit.: Stackmann 1981, S. 125-128.
Schanze I, 1983, S. 103-108.

x   Die Handschrift der Berliner Staatsbibliothek, Ms. germ 2° 922, jetzt
    Staatsbibliothek zu Berlin – Preußischer Kulturbesitz. Papier 134 Bll.
    27,5 x 20,5 cm. Entstanden zwischen 1410-1430 im rheinischen Raum.
    Sie enthält neben Minnereden u.a. 86 Lieder, 12 mit Melodien.
    Lit.: MF II, S. 61f.
           H. Lomnitzer, Verf.-Lex. 1, 726f.

u   »Donaueschinger Liederhandschrift«. Karlsruhe, Badische Landesbiblio-
    thek, Donaueschingen 120. Papier, 322 Seiten 28 x 20,5 cm. Ende des
    15. Jahrhunderts, Oberrhein. 40 Lieder mit Melodien (in der Literatur
    trägt sie auch die Sigle D)
    Lit.: G. Steer, Verf.-Lex. 2, 196-199.

v   »Mondsee – Wiener Liederhandschrift«. Österreichische Nationalbiblio-
    thek 2856. Papier, 414 Bll. 27,5 x 21 cm. 2. Hälfte des 15. Jahrhun-
    derts, Salzburg (?). Neben Liedern des Mönchs von Salzburg auch Lie-
    der in Meistertönen.
    Lit: B. Wachinger, Verf.-Lex. 6, 672-674.

3.3   Fragmente des 13. und 14. Jahrhunderts

T   »Tetschner Fragment«, ursprünglich in der Gräflich Thunschen Biblio-
    thek in Tetschen (Böhmen). Jetziger Aufenthaltsort unbekannt. Perga-
    mentblatt 21,5 x 14 cm, einspaltig. 2. Hälfte des 14. Jahrhunderts,
    bair.-österreichisch mit Strophen Reinmars von Zweter und Bruder
    Wernhers.
    Lit.: Alois Bernt, ZfdA 47 (1904), S. 237-241.

Bᵃ »Basler Fragment«. Basel N.I.3./145. Pergament, 4 Doppelbll., ca. 20 x
    14,5 cm. 14. Jahrhundert, niederdeutsch. Reste einer Liederhandschrift
    mit Strophen Kelins, Boppes, Fegefeuers und des ›Wartburgkrieges‹.

Ba »Basler Fragment«. Basel N I 6 Nr. 50. Pergament, 1 Bl., ca. 29,5 x 9,1
    bw. 9,5 cm. Um 1300, ostalemanisch mit Strophen des Marners, (Nei-
    fens), des Kanzlers und Konrads von Würzburg.

Bᵒ »Bonner Fragment«. SBPK, Haus II, Hdschr. Nr. 401. Pergament. Rest
    eines Doppelbl., ca. 28 x 6,8 cm. Um 1300, ostfäl., enthält Strophen
    Reinmars von Zweter.

Bᵈ »Büdinger Bruchstücke« (»Schönrainer Fragmente«). Büdingen Ms. 54,
    57 und 57A. Pergament, 11 Bll. 15,5 x 12 cm. 14. Jahrhundert, enthält
    Strophen Reinmars von Zweter, des Litschauers und des ›Wartburgkrie-
    ges‹.

MaFr »Maastrichter Fragment«. Reichsarchiv Limburg 167/III,11. Pergament. Doppelbll. (beschnitten), urspr. etwa 20,2 x 28,7 cm, vor oder um 1300, Grenzraum Rheinland-Westfalen. Reste einer Liederhandschrift mit Strophen Reinmars von Zweter, Neidharts, Kelins, Rumelants, des Meißners und Anonymi.

W^D »Wolfenbütteler Rumelant-Fragmente«. Wolfenbüttel, Cod. Guelf. 404.9 (11) Novi. Pergament. Reste eines Doppelbl. (beschnitten), 14,9 x 9/11,5 cm. 14. Jahrhundert.

»Fragmente aus Los Angeles«. Research Library, Univ. of California, Los Angeles, 170/575. Pergament, 2 Streifen einer Rolle (!). I: 38,9 x 11,1/11,9 cm; II: 39,1 x 12/11,2 cm. Mitte 13. Jahrhundert, bairisch. Enthält 14 Strophen Reinmars von Zweter.
(Zu den Frauenlob-Fragmenten, die hier nicht aufgeführt sind, vgl. die Frauenlob-Ausgabe von Bertau-Stackmann 1981)

Literatur zu den Fragmenten

Wangenheim, Wolfgang v.: Das Basler Fragment einer md.-nd. Liederhandschrift und sein Spruchdichter-Repertoire (Kelin, Fegfeuer). Bern/Frankfurt 1972.
Bäuml, Franz H. und *Rouse*, Richard H.: Roll and Codex: A new manuscript fragment of Reinmar von Zweter. Beitr. 105 (1983), S. 192-231; 317-330.
Tervooren, Helmut: Ein neuer Fund zu Reinmar von Zweter. ZfdPh 102 (1983), S. 377-391.
ders. u. *Bein*, Thomas: Ein neues Fragment zum Minnesang und zur Sangspruchdichtung. ZfdPh 107 (1988), S. 1-16.
Steinmann, Martin: Das Basler Fragment einer Rolle mit mhd. Spruchdichtung. ZfdA 117 (1988), S. 296-310.

Der Sangspruch-Überlieferung haftet natürlich wie jeder mittelalterlichen literarischen Überlieferung viel Zufälliges an. So zeigen die gerade in der Sangspruch-Überlieferung häufigen Fragmente, daß der Literaturhistoriker mit größeren Verlusten rechnen muß. Wir kennen Namen von Sängern, von denen nicht eine einzige Strophe überliefert ist. Wir wissen von Lücken in den Handschriften (von J ist weder Anfang noch Ende überliefert), ja von ganzen Liederhandschriften, von denen keine Zeile erhalten ist. Das Bücherverzeichnis der Schloßkapelle von Wittenberg von 1437 kennt nicht weniger als fünf Handschriften *cum notis*. Vier sind untergegangen, eine könnte mit J identisch sein. Wieviel tatsächlich verlorengegangen ist, läßt sich nicht einmal schätzen. Aber es gibt schon zu denken, daß ein großer Teil unserer Kenntnis der Sangspruchdichtung von zwei Handschriften abhängt, von C und J. Wären sie verloren, würde der Sangspruch als historische Reihe mit erkennbar gattungshaften Zügen nicht existieren.

4.   Aspekte der Überlieferung

Da die Traditionskette ›Sangspruch‹ vom 12. bis ins 16. Jahrhundert
reicht (*cum grano salis* könnte man sogar ›bis ins 18. Jahrhundert‹
sagen), sind in ihr auch alle Typen der Liedüberlieferung vertreten.
In der Frühüberlieferung des 13. und 14. Jahrhunderts läuft die Tradierung von Lied und Sangspruch parallel: A und C überliefern
Minnesänger und Sangspruchdichter. Organisiert sind diese Handschriften nach Autoren, Tönen und Strophen (»Autorencorpora«),
die originäre Überlieferungsform der Sangspruchdichtung in der
Frühzeit. Hinter diesen Handschriftentyp kommt die Forschung in
der Regel nicht zurück. Einzelblätter als Vorstufen sind zu vermuten. In A – wohl auch im Bonner Fragment – scheint noch ein
Überlieferungstyp durch, wie er im romanischen Chansonnier vor-
liegt, d.h. vor jedem Lied/Strophe wird der Autorname wiederholt.
      Neben dem Autorencorpus steht das Corpus des Einzelautors.
Die Reinmar-Walther-Sammlung in E könnte so bezeichnet werden,
sicher aber die Reinmar von Zweter-Sammlung in cod. pal. germ.
350 (D), deren Konzeption vielleicht sogar auf den Autor selbst zu-
rückgeht. Eine reine Sangspruchhandschrift – Wizlaw von Rügen
ausgenommen – ist J und könnte somit als Beweis für die Gattungs-
haftigkeit des Sangspruchs herangezogen werden. Auch die Überlieferungsform der Rolle (s. die Fragmente aus Los Angeles und Basel)
deutet vielleicht auf eine frühe gattungsmäßige Ausdifferenzierung
hin, zumindest auf vom Minnesang differierende Überliefe-
rungsbedingungen. Rollen sind handlicher und der Lebensform der
Fahrenden angemessener, auch dienten sie in der Regel der Aufzeichnung unliterarischer Texte (Stadtrechnungen u.ä.). Der materi-
elle Unterschied zu den Adelshandschriften A, C, J ist also augenfällig. (Allerdings darf man nicht übersehen, daß auch in den Miniaturen der Liederhandschriften Minnedichter Rollen in Händen haben
und der *rotulus* neben dem Einzelblatt eine Vorform der Codex-
Überlieferung sein könnte.)
      Wenn es unter den vielen Überlieferungen auch sogenannte
»Spielmannstexte« gegeben haben sollte, kunstlose, nachlässig
beschriebene Programmheftchen, so sind sie nicht überkommen.
Dürftige Ausstattung, stichwortartige Aufzeichnungen, die aber dem
mündlichen Vortrag näherkamen, gelten als ihr Charakteristikum.
Das Walther-Fragment Z, das gelegentlich in eine solche Kategorie
eingeordnet wurde, ist aber sicher kein »Spielmannstext«.
      Die Spätüberlieferung ist geprägt durch den Übergang von der
Lied- und Einzelstrophensammlung zu Sammlungen, die durch das

meistersängerische Bar-Prinzip charakterisiert sind. Verbunden damit ist ein Wachsen der Anonymität. Anstelle von Autorennamen treten Tonangaben. Das führt zu den eigentlichen Meistersingerhandschriften, die anonymes meistersingerisches Liedgut ohne fremde Beimischung sammeln. Das klassische Beispiel ist die Kolmarer Liederhandschrift k (s. aber auch m, d, w, h). Neben diesen Handschriften hält sich jedoch auch noch die Autorensammlung. Die Beheim-Codices gelten als früheste autographe Sammlungen. Zuletzt ist auch noch die Streu-Überlieferung zu erwähnen, die dadurch charakterisiert ist, daß Lieder einzeln im Zusammenhang mit anderen Gattungen (*maere, rede*, Predigten, geistliche Prosa u.a.) auftreten. Der Handschriftentyp des sog. Liederbuches spielt für die Sangspruchdichtung keine große Rolle.

Für die Frühüberlieferung gilt nach wie vor, daß der Südwesten in der Aufzeichnung und in der Pflege des Sangspruchs voranging. Daß eine solche Feststellung aber in der Zufälligkeit der Überlieferung begründet sein könnte, zeigen die kürzlich gefundenen Fragmente aus Los Angeles und Maastricht. Beide früh (vielleicht früher als die Codices), das Maastrichter Fragment sicher Rest eines großformatigen Codex, das eine aus Bayern, das andere aus dem rheinisch-westfälischen Raum. Unzweifelhaft ist dagegen ab der Mitte des 13. Jahrhunderts ein neuer Schwerpunkt der Pflege des Sangspruchs im ostfälisch-mitteldeutschen Raum. Darauf verweist das von vielen Sängern bezeugte Mäzenatennetz (s. u. Kap. III) und vor allem die Sprache der einzelnen Überlieferungsträger. Zu verweisen wäre hier besonders auf die kaum zu überschätzende Handschrift J mit ihrem Hof (d.h. die Baseler und Wolfenbüttler Bruchstücke, das Bonner Fragment, wohl auch das Frauenlob-Fragment A und die Walther-Fragmente O und Z).

5. Die Melodie-Überlieferung

Melodien werden wohl lange Zeit auch mündlich tradiert worden sein, da sich relativ viele notenlose »Lieder«handschriften erhalten haben bzw. Handschriften, die sich mit einer Tonangabe begnügen. Für die Sangspruchdichtung sind aber schon von Anfang an Melodien zu fassen und brauchen nicht wie beim Minnelied, wo die Überlieferungslage ungleich ungünstiger ist, durch Kontrafakturen erschlossen zu werden. Linienlose Neumen in der Münchner Fragmentensammlung Cgm 5249/42a für MF, Namenlos V, die Überlie-

ferung der Jenaer Liederhandschrift für Spervogel und diverse frühe
und spätere Überlieferungsquellen für Walther von der Vogelweide
belegen das. Alles in allem sind etwa für die Hälfte der überlieferten
Sangspruchtöne auch Melodien erhalten (Einzelheiten bei Brunner
1975, S. 189ff.).

Die bedeutendste Quelle ist die *Jenaer Liederhandschrift*. Sie
überliefert die Melodie zu fast jedem Ton (102 Töne und 91 Melodien). Ihre Quadratnotation, allerdings noch ohne Mensurierung,
ist im Gegensatz zu den früheren linienlosen Neumen leicht les-
und deutbar. Hinzu kommt, daß die Entstehung der Melodien und
ihre Aufzeichnung durch J relativ nahe beieinander liegen. Aus dem
14. Jahrhundert stammen auch noch die *Wiener Leichhandschrift*
(cod. Vind 2701), das Basler Fragment (N.I.3./145) und das Walther-Fragment Z (*Münstersches Fragment*). Mit Verlusten muß gerechnet werden (s.o.). Für das 15. Jahrhundert ist besonders die *Kolmarer Liederhandschrift*, das *groß buch von Mencz,* zu erwähnen. Sie
enthält 27 Melodien, die im Rahmen der Sangverslyrik zu beachten
sind. Im engen Zusammenhang mit ihr steht die *Donaueschinger
Liederhandschrift* (heute Karlsruhe, Badische Landesbibl. Ms. 120).
Auch *Liebhart Eghenvelders Liederbuch* mit einigen für den Sangspruch relevanten Melodien stammt noch aus dem 15. Jahrhundert.
Für die Melodieüberlieferung sind selbst Meistersinger-Handschrif-
ten des 16. und 17. Jahrhunderts von Bedeutung (darunter *Das Sin-
gebuch des Adam Puschmann*), wo sich gelegentlich noch Melodien
zu Sangspruchtönen finden. Da fast alle diese Handschriften auch
Melodien Walthers von der Vogelweide überliefern, findet sich ein
instruktiver Überblick mit Literatur, Kommentar und Melodie-
transskriptionen in H. Brunner, U. Müller, F. V. Spechtler (Hgg.):
Walther von der Vogelweide. Die gesamte Überlieferung der Texte
und Melodien. Göppingen 1977 (Litterae 7), S. 49*-98*. Faksimiles
der Melodien ebd., S. 312-358.

5.1 Die wichtigsten Ausgaben und Faksimiles der Melodien

Runge, Paul (Hg.): Die Sangesweisen der Colmarer Handschrift und die Lieder-
    handschrift Donaueschingen. Leipzig 1896. Nachdruck Hildesheim 1965.
Rietsch, Heinrich (Hg.): Gesänge von Frauenlob, Reinmar von Zweter und Alex-
    ander, nebst einem anonymen Bruchstück aus der Handschrift 2701 der Wie-
    ner Hofbibliothek. Wien 1913 (Denkmäler der Tonkunst in Österreich XX, 2).
    Nachdruck Graz 1960.
Jammers, Ewald (Hg.): Ausgewählte Melodien des Minnesangs. Tübingen 1963
    (ATB, Ergänzungsreihe 1).

Gennrich, Friedrich (Hg.): Die Colmarer Liederhandschrift. Faksimile-Ausgabe
ihrer Melodien. Langen bei Frankfurt 1967 (Summa Musicae Medii Aevi 17).

Moser, Hugo/*Müller-Blattau*, Joseph (Hg.): Deutsche Lieder des Mittelalters. Von
Walter von der Vogelweide bis zum Lochamer Liederbuch. Stuttgart 1968.

Taylor, Ronald J. (Hg.): The Art of the Minnesinger. 2 Bde. Cardiff 1968.

Tervooren, Helmut/*Müller*, Ulrich (Hgg.): Die Jenaer Liederhandschrift. In Abbildungen... Mit einem Anhang: Die Basler und Wolfenbüttler Fragmente. Göppingen 1972 (Litterae 10).

Müller, Ulrich/*Spechtler*, Franz V./*Brunner*, Horst (Hgg.): Die Kolmarer Liederhandschrift der Bayer. Staatsbibl. München (cgm 4997). In Abbildungen... 2
Bde. Göppingen 1976 (Litterae 35).

Melodieausgaben bzw. -tafeln finden sich auch in Texteditionen bzw. Mo-
nographien, so in der Walther-Ausgabe von Maurer 1954, in der Frauenlob-Ausgabe von Stackmann/Bertau, weiter in MF II, in der Neuausgabe
der SMS von Max Schiendorfer und bei Brunner (1975).

5.2 Einspielungen (Schallplatten, Kassetten)

(Das Folgende ist eine starke Auswahl. In dem letzten Jahrzehnt schossen
Musikgruppen, die sich mehr oder minder ernsthaft mit mittelalterlichen
Liedern beschäftigen, aus dem Boden. Entsprechend viele Einspielungen
auf Kassetten und Compact Discs vagabundieren. Nachforschungen über
neue Kataloge können sich lohnen).

Studio der frühen Musik/Thomas Binkley. Minnesang und Spruchdichtung um
1200-1320. Telefunken 1966.

Goldene Lieder des Mittelalters. Solisten und Ensemble. W. Müller-Blattau. MPS
1968/69. [z.T. akademisch hölzerne Aufführungen, aber umfangreichste Aus-
wahl].

Böschenstein, Urs/Mauser, Fritz. *Wie man zer welte solte leben*. Musik der Ritter,
Mönche und Gaukler. PAN (Schweiz) 1980.

Sequentia. Spruchdichtung des 13. Jahrhunderts. Harmonia Mundi. EMI 1983.

Bärengäßlin. *Waere die welt alle min*. Minnelied und Herrscherlob am Hofe der
Staufer-Könige. Harmonia Mundi. EMI 1986.

Böschenstein, Urs/Schiendorfer, Max. *Minne gebietet mir daz ich singe*. Schweizer
Minnesang und Spielmannsmusik um 1300. Zürich 1989. (erhältlich über M.
Schiendorfer, Zentralstr. 3, CH 8003 Zürich).

5.3 Übersetzungen

Die Übersetzungswelle hat die Sangspruchdichtung noch nicht erfaßt. Das meiste findet sich darum in Anthologien. Nur vereinzelt
ist Sangspruchdichtern eine eigene Übersetzung gewidmet worden.
Neben den mehr als 70 mehr oder minder vollständigen Überset-

zungen zu Walther von der Vogelweide gilt dies für Spervogel, Frauenlob, den ›Wartburgkrieg‹ und Hermann Damen.

5.3.1 Anthologien

Zoozmann, Richard: Deutscher Minnesang, hg. und eingeleitet v. R.Z. Regens-
burg. o.J. [1910] (s. auch ders.: Der Herrin ein Grüßen. Deutsche Minnelieder
aus dem 12. bis 14. Jahrhundert. Leipzig 1915).
Fischer, Walther: Liedsang aus deutscher Frühe. Mhd. Dichtung übertragen und
hg. v. W.F. Stuttgart 1939, ²1955.
Höver/Kiepe (s.o. Epochen der deutschen Lyrik, am ergiebigsten für den, der
Übersetzungen sucht).
Curschmann, Michael /*Glier,* Ingeborg: Deutsche Dichtung des Mittelalters. 3
Bde. München/Wien 1980-1981 (Auch als Fischer Taschenbuch 5488-5480.
Frankfurt 1987).

5.3.2 Übersetzungen zu Einzelautoren

Gradl, Heinrich: Lieder und Sprüche der beiden Meister Spervogel. Mit Einleitung, Textkritik und Übersetzung. Prag 1869.
Nagel, Bert: Frauenlob. Ausgewählte Gedichte mit versgetreuen Übertragungen.
Heidelberg 1951.
Ettmüller, Ludwig: Der Singer Kriec uf Wartburc. Gedicht aus dem XIII. Jahrhundert. Zum ersten Male genau nach der Jenaer Urkunde nebst den Abweichungen der Manesse und des Lohengrins hg. und mit den alten zu Jena aufbe-
wahrten Sangweisen, wie mit einer Einleitung, Überschrift, sprachlichen und
geschichtlichen Erläuterungen v. L.E. Ilmenau 1830.
Simrock, Karl: Der Wartburg Krieg., hg., geordnet, übersetzt und erläutert. Stutt-
gart/Augsburg 1858.

(Weiteres vgl. *Grosse,* Siegfried/*Rautenberg,* Ursula: Die Rezeption mittelalterlicher Dichtung. Eine Bibliographie ihrer Übersetzungen und Bearbei-
tungen seit der Mitte des 18. Jahrhunderts. Tübingen 1989).

III. Die Dichter in ihrer Zeit

1. Zeittafel

	Historische Ereignisse	*Sangspruchdichter*
1197 28.IX	Überraschender Tod Kaiser Heinrichs VI. in Messina	um 1200
1198	Doppelwahl von zwei deutschen Königen: Phillip v. Schwaben und Otto IV.	Spervogel (Herger) Friedrich von Hausen Bligger von Steinach
1201	Entscheidung des Papstes Innozenz III. zugunsten von Otto IV.	und andere Dichter aus MF Walther von der Vogelweide Gottfried von Straßburg
1208 21.VI.	Ermordung Philipps von Schwaben in Bamberg	
1209 4.X.	Kaiserkrönung Ottos IV. in Rom durch Papst Innozenz III.	
1210 18.XI	Verkündung des päpstlichen Bannes über Otto IV.	
1211 Sept.	Wahl Friedrich II. in Nürnberg	
1214 27.VII.	Niederlage Ottos IV. bei Bouvines	
1216-27	Papst Honorius III.	
1220 22.XI.	Krönung Friedrichs II. in Rom	1. Hälfte 13. Jahrhundert
1222 8.V.	Kaiserkrönung Heinrichs (VII.) in Aachen	Ulrich von Singenberg Neidhart (Freidank)
1225 7.XI.	Ermordung des Reichsverwesers Erzbischof Engelbrecht von Köln bei Hagen	Wernher von Teufen Der Tannhäuser Reinmar von Zweter
1227-41	Papst Gregor IX.	Bruder Wernher Der Marner
1227 29.IX	Erste Bannung Friedrichs II. durch Papst Gregor IX.	Der Hardegger Rubin
1228-29	Kreuzzug Friedrichs II. (5. Kreuzzug)	Der tugendhafte Schreiber

Historische Ereignisse   *Sangspruchdichter*

1231 15.IX	Ermordung von Herzog Ludwig I. von Bayern, Reichsverweser von 1226-28, bei Kehlheim
1234-35	Empörung und Absetzung Heinrichs (VII.)
1236-37	Ächtung und Strafexpedition gegen Herzog Friedrich II. von Österreich
1237 Feb.	Wahl Konrads IV. zum deutschen König in Wien
1239 Herbst	Wiederanerkennung Herzog Friedrichs II. von Österreich
1239 20.III.	Endgültige Bannung Kaiser Friedrichs II. durch Papst Gregor IX.
1243-54	Papst Innozenz IV.
1244	Endgültige Eroberung Jerusalems durch die Moslems
1245 17.VII.	Verkündigung der Absetzung Kaiser Friedrichs II. durch Papst Innozenz IV.
1246	Tod des Herzogs Friedrich II. von Österreich. Ende der Babenberger Herrschaft
1246	Gegenkönig Heinrich Raspe von Thüringen
1247 3.X.	Wahl Wilhelms von Holland zum Gegenkönig
1250 13.XII.	Tod Kaiser Friedrichs II. in Apulien
1254 21.V.	Tod Konrads IV. in Lavello, Mittelitalien
1254-61	Papst Alexander IV.
1256 28.I	König Wilhelm von Holland in Friesland gefallen.
1257	Doppelwahl von zwei deutschen Königen: 1. Richard von Cornwall (kirchl. Partei), 2. Alfons X. von Kastilien (staufische Partei)
1261-64	Papst Urban IV.

um die Mitte des 13. Jahrhunderts

Von Buchein
Friedrich von Sonnenburg
Gast
Gervelin
Hawart
Der Henneberger
Höllefeuer
Kelin
Leuthold von Seven
Pfeffel
Reinmar von Brennenberg
Reinmar der Fiedler
Sigeher
Von Wengen

Historische Ereignisse   Sangspruchdichter

1265-68	Papst Clemens IV.	
1268 23.VIII.	Niederlage Konradins gegen Karl von Anjou	
1268 29.X.	Konradins Hinrichtung in Neapel	
1271-76	Papst Gregor X.	
1272 2.IV.	Tod Richards von Cornwall	
1273 Okt.	Wahl des Habsburgers Rudolf I. zum deutschen König	
1274 26.IX	Anerkennung Rudolfs I. durch Papst Gregor X.	
1276-78	Kampf Rudolfs I. gegen König Ottokar II.; Sieg Rudolfs auf dem Marchfeld	
1282	Beginn der Habsburgischen Herrschaft in Österreich durch Albrecht	
1286 22.XI.	Ermordung König Erichs V. von Dänemark	
1291 15.VII.	Rudolf I. in Speyer gestorben	
1291	Eroberung Akkons durch die Moslems. Verlust Palästinas für die Christen	
1292 5.V.	Wahl Adolfs von Nassau zum deutschen König in Frankfurt	
1298 23.VI.	Wahl des Habsburgers Albrecht I. zum Gegenkönig in Mainz	
1298 2.VII.	Niederlage und Tod König Adolfs bei Göllheim gegen Albrecht I.	

2. Hälfte des 13. Jahrhunderts

Albrecht von Haigerloch
Der wilde Alexander
Boppe
Dietmar der Setzer
Der Schulmeister von Esslingen
Der Goldener
Der Guter
Hermann Damen
Der Kanzler
Der Litschauer
Konrad von Würzburg
Der Meißner
Rumelant von Sachsen
Rumelant von Schwaben
Meister Singauf
Stolle
Süßkind von Trimberg
Der Unverzagte
Walther von Breisach
Wernher von Teufen
Zilies von Sayn

um 1300 und später

Frauenlob
Johannes Hadlaub
Johann von Ringgenberg
Reinholt von der Lippe
Regenbogen
Der Ungelehrte
Der Urenheimer
Wizlaw von Rügen

2.   Die Dichter

Wer bei den Sangspruchdichtern individuelle Persönlichkeiten mit
einer eigenen Biographie (und sei sie noch so umrißhaft) fassen will,
stößt auf noch größere Schwierigkeiten als bei den Minnesängern,
denn die meisten Sangspruchdichter gehören einer Gruppe an, die
sozial erkennbar niedriger anzusiedeln ist als die der Minnesänger.
Sie sind keine historisch handelnden Personen und tauchen deswegen bis auf ganz wenige Ausnahmen (Walther, Frauenlob, Regenbogen) in den geschichtlichen Quellen als Personen nicht auf. Schon
aus diesem Grund ist eine an Biographien orientierte Darstellung
des Sangspruchs nicht gegenstandsadäquat. Nur für wenige Dichter
(Walther, Reinmar von Zweter, vielleicht auch Konrad von Würzburg und Frauenlob) ist genügend Material vorhanden, das es er-
laubte, wenigstens eine biographisch angelegte Studie zu schreiben.
Aber selbst bei solchen Autoren strukturieren meist eher allgemeine
Modellvorstellungen (Reifung durch das harte Leben als Fahrende,
Wechsel der sozialen Gruppe) die Biographie. Der biographische
Zugriff wäre auch deshalb nicht angemessen, weil bei einem solchen
Personenkreis die Begriffe ›Autor‹ und ›Werk‹ noch unschärfer (und
vielleicht auch unangemessener) sind als sonst in dieser Zeit. Gehört
die von einem Kollegen übernommene, aber in eine Argumentation
integrierte Strophe zum Werk (das im übrigen durch die Überlieferung konstituiert wird und nicht durch den Autor) oder nicht?
Andererseits ist es ja das Verhältnis ›Autor-Werk‹, das die Individuation des Dichters bedingt. (Ersatz für personen- und überliefe-
rungsbezogene Daten bietet da im übrigen das *Verfasserlexikon* und
das *Repertorium der Sangsprüche und Meisterlieder* [=RSM], gelegentlich auch *Musik in Geschichte und Gegenwart* [=MGG].)
   Als Gruppe sind die Sangspruchdichter aber sehr präsent, und als
Gruppe lassen sie sich auch gut beschreiben. Wer sich über sie als
soziale Gruppe in Kenntnis setzen will, findet darum in der historischen und auch in der literaturwissenschaftlichen Forschung
reichhaltige Informationen. Dabei sollte man aber das Neben- und
Miteinander unterschiedlicher sozialer Wertungen im Auge behal-
ten. Distanzierte ablehnende Urteile erfahren Sängerdichter in
(schriftbestimmten) kirchlichen Kreisen, Hochachtung und Wertschätzung in (nichtschriftlichen) Adelskulturen. Im 13. Jahrhundert
zeichnet sich dann eine soziale Differenzierung der Künstler ab, die
immer stärker zu einer »Patronisierung«, d.h. zu einer Bindung an
Hof, Stadt u.a. führt. Der folgende Abriß kann diese Dynamik
nicht nachzeichnen.

Sie selbst nennen sich, allgemein auf ihre Tätigkeit hinweisend, *sänger, singer, tihter,* prätentiöser *râtgeber, lêrer* und vor allem *meister* (wohl der eigentliche zeitgenössische *terminus technicus* für die Sangspruchdichter), *sanges meister, wîser meister, meisterphaffe* (Belege bei Stackmann 1958, S. 94f., Tervooren 1967, S. 106f.). Weiter finden sich mit Bezug auf ihre soziale Situation die Bezeichnungen *gernde, gernde meister, varnde diet.* Sprechen sie von anderen – und sie können dabei durchaus auch Kollegen meinen – fallen eindeutige Schimpfwörter (*gouch, snudel, affe, rint*), sie benutzen weiter moralisch bzw. künstlerisch abwertende Bezeichnungen (*valsche ungetriuwe, êrendiep, rûner, lecker, smeicher, snarrenzaere, pierloter, künstelôser schalc, sinnelose giege, gumpelman*). Bis zu welchen Höhen der Ablehnung und der Verachtung sich die Sangspruchdichter versteigen können, zeigen Strophen wie Kelin HMS III, 21:8 (zit.); Boppe ebd. II, 384: III,2.

> *Vil maniger spricht: »ich kan, ich kan,«*
> *des kunst doch ist gar kleine;*
> *der rehter kunst nie teil gewan,*
> *was kan der? saget mir daz.*
> *Ein affe, ein snudel, ein gouch, ein rint*
> *bistu, den ich da meine,*
> *da bi an allen sinnen blint;*
> *des trage ich uf dich haz.*
> *Ich nente dich wol, wolt' ich ez tuon,*
> *du sanges lügenære,*
> *din kunst ist kranker wan ein huon,*
> *du solt mich vürhten sere;*
> *wan du, me künste kan ein kruon:*
> *wiltu ez, ich schend[e] dich mere.*

(weitere Belege finden sich bei Ilgner 1975, S. 64-92).

Äußerungen solcher Art sind schwer zu interpretieren, da selbst Benennungen in einem scheinbar neutralen Kontext selten rein beschreibend sind, sondern polemisch oder apologetisch genutzt werden. Die Sachlage ändert sich auch nicht, wenn man Quellen aus der zeitgenössischen romanischen Literatur oder historische Quellen, seien sie weltlicher oder kirchlicher Provenienz, heranzieht. Sie wiederholen die Urteile, welche die geistliche Obrigkeit über viele Jahrhunderte formte und tradierte. Neben der Parteilichkeit sind die Quellen auch durch eine schwer zu entwirrende Vielfalt problematischer spätantiker und mittellateinischer Begriffe und Vokabeln gekennzeichnet. Dies ergibt sich u.a. auch daraus, daß die mittelalterlichen Vertreter der Zunft aus verschiedenen Traditionsbereichen

stammen (und entsprechend gehen die Wertungen auseinander) und
daß sie aufgrund der gemeinsamen sozialen Randständigkeit in den
Quellen mit anderen mobilen randständischen Gruppen auftreten.
Einen Eindruck von der Vielfalt der Menschen, die auf der Straße
leben, findet man bei dem Züricher Kantor Konrad von Mure (2.
Hälfte des 13. Jh.s):

*Preterea ex omni natione professione conditione que sub celo est ad curias prin-
cipum confluunt et concurrunt, uelut uultures ad cadauer, et uelut musce se-
quentes ungenti suauitatem, scilicet pauperes, debiles, ceci, claudi, manci, lori-
pides, uel alias corpore deformati, kalones, ioculatores, saltatores, fidicines, tibi-
cines, lyricines, tubicines, cornicines, hystriones, gesticulatores, nebulones, para-
siti, umbre, mensiuagi, scurre, ribaldi, buflardi, adulatores, carciones, prodito-
res, traditores, detractatores, susurrones, filii perditionis, apostate, lotrices, publi-
ce mulieres quasi syrenes usque in exitum dulces.*

(»Darüber hinaus strömen Menschen aus allen Völkerschaften, aus allen
Gewerben und Berufen, die es unter dem Himmel gibt, am Hof der Für-
sten zusammen – wie die Geier bei einem Kadaver oder Fliegen bei gut rie-
chenden Salben. Es sind Arme, Schwache, Blinde, Lahme, Verkrüppelte,
Schleppfüßige oder sonstwie körperlich benachteiligte Menschen, Troß-
knechte, Spielleute, Tänzer, Saitenspieler, Flötenspieler, Lautenschläger,
Trompeter und Hornisten, Schauspieler, Pantomimen, Taugenichtse,
Schnorrer, uneingeladene Gäste, Schmarotzer, Spaßmacher, Schurken,
Schmeichler, Ausrufer, Verräter, Spitzel, Ehrabschneider, Einflüsterer, Söhne
des Verderbens, Ketzer, Parasiten, Huren gleich Sirenen, noch im Unter-
gang verführerisch[?]«)

Zitiert nach: *L. Rockinger:* Briefsteller und Formelbücher des 11. – 14. Jahr-
hunderts. Quellen und Erörterungen zur bayerischen und deutschen
Geschichte, IX. Bd. München 1863/4, (Nachdruck: New York 1961),
S. 426.

Der soziale Status (oder vielleicht auch nur die Wertschätzung) dieser Menschen ist durchaus nicht gleich. Das beleuchtet sehr schön
das Ausgabenverzeichnis des Passauer Bischofs Wolfger von Erla, das
wohl einzige außerliterarische Lebenszeugnis Walthers von der Vogelweide. Am Martinstag 1203, dem traditionellen Schenktag, öff-
nete der Bischof seinen Beutel und beschenkte deutlich abgestuft
Kreuzfahrer, Pilger, Schüler, entlaufene Mönche, Kleriker, aber auch
Sänger und Sängerinnen, Messerwerfer, Faxenmacher, Schauspieler
und Musikanten. Walther bekommt fünf *solidi longi*, das übersteigt
weit das übliche Maß (Heger 1970, S. 81, 86).
    Gesellschaftlich verbindet diese Leute ihre (zeitweilige) Nichtseß-
haftigkeit, rechtlich ihre Schutzlosigkeit, da sie in den kirchlichen
und lehnsrechtlichen *ordo*-Modellen keinen Platz hatten (wohl aber

in dem durch Recht bestimmten praktischen Leben, was die
herabwürdigenden »Rechte« der Fahrenden im *Sachsenspiegel* [I, 38,
§1] dokumentieren, vgl. dazu R. Schulze, Spielleute, in: HRG IV,
1990, 1765-1769). Eine so geartete soziale Nachbarschaft belegt neben dem Lebenszeugnis Walthers von der Vogelweide auch eine
Strophe des Kanzlers (KLD 28,II, 8).

> *Manc herre mich des vrâget*
> *dur waz der gernden sî sô vil.*
> *ob in des niht betrâget,*
> *dem wil ich tiuten, obe ichz kan,*
> *wiez umb die gernden sî.*
> *ein gernder man der triuget,*
> *der ander kan wol zavelspil,*
> *der tritte hoveliuget,*
> *der vierde ist gar ein gumpelman,*
> *der fünfte ist sinnen vrî;*
> *sô ist der sehste spottes vol,*
> *der sibende kleider koufet,*
> *der ahte vederliset wol,*
> *der niunde umb gâbe loufet,*
> *der zehende hât ein dirne,*
> *ein wîp, ein tohter unbehuot.*
> *den gebent niuwe und virne*
> *die herren durch ir tœrschen muot:*
> *si gebent durch kunst niht guot.*

Das Lebenszeugnis Walthers zeigt auch, wie schwer die Begriffe zu
interpretieren sind. Walther wird *cantor* genannt, also mit einem Begriff belegt, der ähnlich wie das romanische *trobador/trouvère* einen
Künstler bezeichnet, der sich mit der Musik als *ars* befaßt. Ein solcher Künstler hat einen gewissen sozialen Status. Dennoch muß sich
Walther wie der *spilman*, der *histrio* oder *poeta vagus* um seinen Le-
bensunterhalt bemühen (Curschmann 1971, J. Margetts 1989) –
und damit tritt er in Konkurrenz mit all denen, die von der *milte*
der Besitzenden leben und *guot umb êre* nehmen.

Die mittelalterlichen Musiktheoretiker kennen eine Reihe von Bezeichnungen (*musicus, cantor, histrio, ioculator*), die sie z.T. wieder spezifizieren in
musicus theoreticus und *musicus practicus* bzw. *musicus artificialis* und *musicus naturalis*. Sie nehmen damit auf fachliche Ausbildung und soziale Stellung Bezug. Aber solche Differenzierungen entbehren streng systematischer
Qualitäten, dies in besonderem Maße, wenn man sie auf volkssprachliche
Autoren und ihre Produkte anwendet. Das verweist letztlich wohl auch darauf, daß es keine absoluten künstlerischen (und sozialen) Demarkationslini-
en zwischen praktizierenden Vortragskünstlern gab.

An sich ist das in der mittelalterlichen Gesellschaft keine Schande, da ihr die Freigebigkeit als eine Pflicht galt, die mit der Machtausübung einherging (u.a. als öffentliche Schaustellung eben dieser Macht!). Die *misericordia*, ein profanes Äquivalent ist die mhd. *milte*, galt derzeit zudem als wirksamstes Mittel zur Erlangung des Seelenheils. Aber die Kirche hatte im Laufe ihrer Entwicklung eine Ethik des Gebens und Nehmens entwickelt, die sehr detailliert war und zwischen Würdigen und Unwürdigen unterschied. Eine kleine Zitatensammlung kann das erläutern. Ein Teil der Zitate stammt zwar aus der Antike, aber sie wurden auch im hohen Mittelalter immer noch notiert und kommentiert und erweisen so ihre Gültigkeit. Nur einige Beispiele (aus der einschlägigen Sekundärliteratur lassen sie sich mühelos vermehren):

Vorschriften für den Geber:

Eleemosyna nemini neganda (Cyprian PL IV, 730).
Eleemosyna non de rapinis, sed de iustis laboribus facienda (Augustin PL XXXVIII, 648).
Eleemosyna non fiat ad ostentationem (Cyprian, PL IV, 756 – eine Vorschrift, die mit dem Repräsentationswillen mittelalterlicher Herren schwer zu vereinbaren ist).

(Almosen darf man niemandem verweigern.
Almosen darf man nicht von geraubtem Gut nehmen, sondern nur aus gerecht Erarbeitetem.
Almosen sollen kein Anlaß zur prahlerischen Selbstdarstellung sein.)

Vorschriften für den Nehmer:

Munera excaecant oculos sapientium [5. Mos. 16, 19] *et vim auctoritatis inclinant* (Petrus Cantor PL 205, 81)
Nec accipias munera, quae excaecant etiam prudentes, et subvertunt verba justorum (Petrus Cantor ebd. 82).

(Geschenke blenden die Augen der Weisen und beugen die Kraft der (gesellschaftlichen) Geltung.
Empfang keine Geschenke, die selbst die Klugen blenden und die Worte der Gerechten verkehren.)

Eine Gruppe, die von den milden Gaben ausgeschlossen ist, stellen die Unterhaltungskünstler. *donare quippe res suas histrionibus vitium est immane, non virtus* [»Denn Spielleute aus dem eigenen Vermögen zu beschenken ist ein schreckliches Laster, keine Tugend«] formuliert Augustinus. (PL XXXV, 35 bzw. 1891). Noch apodiktischer klingt es im 12. Jahrhundert: *Discipulus: »Habent spem joculatores?«*

Magister: »*Nullam: tota namque intentione sunt ministri Satanae*«. [»Schüler: ›Haben die Spielleute eine Hoffnung?‹ – Lehrer: ›Nein, sie sind in all ihrem Streben Diener des Teufels‹.«] (Honorius Augustodunensis, PL CLXXII, 1148).

Das lat. *ioculator* ist zumindest seit dem 12. Jahrhundert Oberbegriff für die verschiedenen Ausprägungen der unterhaltenden Berufe (*scurra, mimus, histrio* u.v.a., zur Bedeutungsbreite dieser Begriffe vgl. die einschlägigen Artikel in Lorenz Diefenbach, Glossarium Latino-Germanicum Mediae et Infimae Aetatis, Frankfurt 1857). Soziologische Differenzierungen sind hier schwer zu treffen, aber daß mit *ioculator* nicht nur reproduzierende Künstler gemeint sind, ergibt sich etwa aus einem ma. Briefsteller, wo unter dem Titel *De remuneracionibus ioculatorum* auch *inuentatores cancionum* erwähnt werden (Rockinger wie oben s. S. 26). Ebenso problematisch ist der ahd./mhd. Terminus *spilman*, der nach Ausweis der Glossare seit der Karolingerzeit als Übersetzung für die oben genannten lateinischen Begriffe gebraucht wird (Salmen, S. 17f., Schreier-Hornung, S. 26f.).

Die Erbfeindschaft zwischen den unterhaltenden Berufen und der Kirche ist alt. Sie beginnt bei den Kirchenvätern (Laktanz, Augustin, Tertullian, Cyprian, Hieronymus u.a.) und setzt sich in den Konzils- und Synodalbeschlüssen der folgenden Jahrhunderte fort. Die dafür herangezogenen Gründe sind vielfältig. Sie lassen sich aber in drei zusammenfassen:

– Die Spielleute stehen als Fahrende außerhalb des *ordo* (*ubi stabilitas, ibi religio*) und sind Vertreter der menschlichen Vitalität (Musik, Tanz, Komik, Sexualität).
– Als Repräsentant solcher triebgebundener Bereiche ist der Spielmann ein *minister Satanae*.
– Als Erbe und weiterwirkender Träger antiker und germanischer Sing- und Musiziertraditionen wirkt in ihm das Heidentum fort und damit eine Welt, die der Christ überwunden haben sollte.

Es hat lange gedauert, bis die offizielle kirchliche Lehrmeinung von diesen Vorstellungen abrückte. In der Predigt ›*Von zehen koeren der engel unde der kristenheit*‹ des Berthold von Regensburg (hg. v. Pfeiffer I, S. 155f.) findet man auch in der zweiten Hälfte des 13. Jahrhunderts noch alle kirchlichen Vorbehalte gegen die Fahrenden wieder (vgl. etwa Stackmann 1958, S. 113ff. mit instruktiven Belegen und Schönbach 1900 mit Beispielen aus Bertholds lat. Predigten), wenn auch in der gleichen Zeit etwa bei Thomas von Aquin versöhnlichere Positionen aufklingen und in seiner Nachfolge eine der

Wirklichkeit gerechtere Differenzierung vorgenommen wird (vgl.
Schmidtke 1976). So teilt etwa Thomas von Cabham (um 1300)
die Zunft nach moralischen und künstlerischen Gesichtspunkten in
verschiedene Gruppen und betrachtet die *ioculatores*, die nützliche
und fromme Lieder singen, mit Wohlwollen (vgl. auch ›Des Teufels
Netz‹, hg. v. Barack 1863, v. 8065ff.). König David taucht in Wort
und Bild als fürstlicher *ioculator* auf, und Franz von Assisi versteht
sich als ein Spielmann Gottes.

Hier stellt sich natürlich die Frage, ob die Sangspruchdichter zu
diesen Unterhaltungskünstlern gezählt werden dürfen. Schon Fr.
Vogt (1876, S. 32) hat sie bejaht und eine Gruppendifferenzierung
nach künstlerischer und sozialer Stellung vorgenommen. Denunzie-
rungen in kirchlichen Quellen und Selbstverteidigungen bestätigen
das. Die Sangspruchdichter gehören zweifellos durch ihre Lebensweise (*varende*) und durch die Art ihres Broterwerbs (*gernde*) zu
dieser Gruppe, einige Seßhafte oder Ritterbürtige ausgenommen.
Sie gehören aber auch aus der Sicht gewisser zeitgenössischer Kreise,
die der Kirche nahestehen, dazu. (Die Konkurrenz zwischen Mendi-
kantenpredigern und Wanderdichtern ist bekannt). Berthold von
Regensburg stellt in der oben zitierten Predigt diesen Zusammenhang explizit her:

Daz sint die gumpelliute, gîger unde tambûrer, swie die geheizen sîn, alle die
guot für êre nement.

Die Formel *guot umb êre nemen* benutzen die Sangspruchdichter als
Bezeichnung ihrer Gruppe! Auch der Strophenreihe 66-71 des
Friedrich von Sonnenburg läßt sich das entnehmen. Thema dieser
Reihe ist die bekannte Kasuistik des Gebens. Damit verbunden ist
eine Apologie der Fahrenden und ihrer Lebensweise sowie ein Angriff auf ihre Verächter (*lügenaere, gîtes vaz, heilige man*). Wie immer
die Frontstellung hier im einzelnen verläuft, der Angriff richtet sich
gegen Leute, die die Autorität der Kirche benutzen, um die *varenden*
zu diskriminieren. Der Gegenangriff ist geschickt: Er aktualisiert das
Evangelium und mißt Argumente aus kirchlicher Tradition an biblischen Normen – und sie werden als zu leicht befunden. In laikalen
Kreisen hatten sie es wohl leichter. In *Morant und Galie* (hg. v.
Frings-Linke 1976, v. 5130-5195, 5440ff.) weist Kaiser Karl seinen
Gästen ihren Platz an der Tafel zu, und zwar nach *wirde*. Dabei
trennt er *loddere* (›Gaukler‹) und *speleman*.

So sehr sich die Sangspruchdichter auch bemühen, sich als eine
eigenständige Gruppe zu profilieren, in einigen Elementen des

Selbstverständnisses zeigen sich weiterhin Verbindungen zu anderen
Gruppen von Fahrenden. Wenn sie sich (wie heute noch Artisten,
Schauspieler und Schriftsteller) selbst Künstlernamen zulegen, folgen sie damit ›spielmännischen‹ Praktiken. Sie legen sich sprechende
Namen zu, um beim Publikum den Nimbus des Fremdartigen und
des Besonderen zu erwerben und zu festigen. Auch setzen sie sich
mit solchen phantasievollen Künstlernamen von den Seßhaften ab
und rücken in die Nähe sozialer Randgruppen. Sie selbst sehen in
den Namen natürlich eine positive werbende Wirkung, so etwa bei
›Goldener‹, der ›Guter‹, der ›Unverzagte‹, ›Singauf‹ (oder wenn ein
Fahrender einen anspruchsvollen Könignamen wählt, wie der wilde
Alexander). Selbst ein Name wie ›Helle-‹ oder ›Vegefiur‹ kann positiv als ›Mahner, Richter oder Bestrafer‹ verstanden werden. Andere
Namen verweisen auf ihre Existenzweise oder auf ihre Funktion in
der Gesellschaft, etwa ›Rumelant‹, ›Gast‹, ›Frauenlob‹, ›Regenbogen‹
(ein Satzname mit der Bedeutung ›rege den Bogen‹) u.a. Berthold
von Regensburg und der Autor des ›Seifrid Helbling‹ (hg. v. Seemül-
ler, vv. 1337ff., II) durchschauen die Absicht, aus der sich die Sänger mit Übernamen belegen, wenn sie in satirischer Verzerrung Kataloge von solchen Namen zusammenstellen.

Lasterbalc, Schandolf, Hellefiwer, Hagelstein, Argenhaz, Lasterrueg, Meldaer,
Miltenrât, Miltenfrient u.a.

Diese Namen sind natürlich tendenziös und diskriminierend ge-
wählt – direktes oder insinuiertes Etymologisieren von Namen ist
ein beliebtes Mittel der Preis- und Scheltlyrik –, aber die Namen
sollen die Gruppe treffen und in eine bestimmte Ecke stellen. Berthold stellt sie in die Nähe des Teufels (der Volksmund und die bil-
dende Kunst folgen ihm darin!). Der Verfasser des ›Seifrid Helbling‹
verspottet sie als Schmarotzer und als selbsternannte Sittenwächter.
    In solchen Belegen kommen die sozialen Bezüge in den Blick, in
denen die Sangspruchdichter standen. Die aufscheinende Polemik
ist zwar von außen herangetragen, zwingt aber die Dichter, ihren sozialen Ort zu bestimmen und ihre Funktion in der Gesellschaft zu
klären. Viele Strophen haben dieses Problem zum Thema und versuchen, eine künstlerische und soziale Abgrenzung gegenüber anderen
Fahrenden zu treffen. Man mag hier binnendifferenzierend mit einer Unterscheidung beginnen, die in der literaturwissenschaftlichen
Forschung eine große Rolle gespielt hat und noch spielt: Die Unterscheidung zwischen Minnesänger und Sangspruchdichter. Aber
bevor man auf Unterschiede rekurriert, sollte man betonen, daß der
Weg zur Literaturproduktion grundsätzlich über die artistische

Kompetenz führt. Wer sie besitzt, d.h. wer die literarischen und musikalischen Techniken besitzt, hat Zutritt zum Hof als Aufführungs-
forum der Kunst. Dies bedeutet natürlich nicht, daß jeder willkom-
men war und es zwischen den Künstlern keine Hierarchien gab.

Ulrich vom Baumburg (SMS 28,6, III) – selbst wohl ritterbürtig –
polemisiert gegen die Nachahmung adeligen Sanges *ûz als unwerden
münden* und konstatiert, *swer getragener kleider* (typischer Spielmanns-
lohn) *gert, / der ist nit minnesanges wert.* Geltar-Gedrut (KLD 13,
II, 7ff.) formuliert dagegen Außenkritik am Minnesang und nimmt
dabei die Rolle eines Fahrenden ein.

> *ich fliuse des wirtes hulde niht, bit ich in sîner kleider:*
> *sô wære im umbe ein überigez hübschen michel leider.*
> *gît mir ein herre sîn gewant, diu êre ist unser beider.*
> *slahen ûf die minnesenger die man rûnen siht.*

Diese Strophen (vgl. auch Walther 62,36 und Strickers ›Frauenehre‹,
hg. v. Moelleken, v. 137-145) verweisen auf eine gewisse Konkurrenz zwischen den Vertretern der verschiedenen Gattungen und ver-
raten Überlegenheits- bzw. Unterlegenheitsgefühle und Unterschiede in der Entlohnung. Die sich hier abzeichnende Unterscheidung
zwischen dem adeligen Dilettanten, der Minnelieder verfaßte und
vortrug, und dem fahrenden Sänger, der mit seiner Kunst den Le-
bensunterhalt bestritt und darum seine artistische Kompetenz stärker an inhaltliche Bezüge binden mußte, schon um sich zu
legitimieren, ist tendenziell sicherlich richtig. Daß der Stand auch
für die Entlohnung von Bedeutung war, ist wahrscheinlich, trifft
aber sicher nicht in jedem Einzelfall zu. Walther, ein Dichter unsi-
cherer Herkunft, bekam Geld für einen neuen Pelzrock, erfuhr also
eine herausragende Behandlung. Man hat sie als Indiz für seine Rit-
terbürtigkeit werten wollen, man kann sie aber auch als äquivalente
Belohnung für eine hohe künstlerische Leistung ansehen. Friedrich
von Sonnenburg, nach heutiger Auffassung sicher ein Ministerialer,
beschwert sich über die verweigerte Tischgemeinschaft. Er bekommt
Kohl und schlechten Wein und muß offensichtlich am Gesindetisch
Platz nehmen (25). In die gleiche Richtung weist das kaum zu bän-
digende Selbstwertgefühl des »Sangspruchdichters« Walther und die
Bittgeste des »Minnesängers« Neidhart (WL 23, XII). Eine strikte
soziale und bildungsmäßige Trennung zwischen Minnesänger und
Sangspruchdichter gibt es also in Deutschland ebensowenig wie in
der Romania eine Trennung zwischen *trobador* und *joglar*, und eine
Formel ›Minnesang ist Hofdichtung, Sangspruchdichtung ist Fah-
rendenpoesie‹ stimmt so nicht. Dies ist mit Sicherheit den spärli-

chen Daten zu entnehmen, die wir zu »Biographien« von Minnesängern und Sangspruchdichtern besitzen. Auch Minnesänger haben von Anfang an gelegentlich »Spruchstrophen« in ihre Lieder eingestellt bzw. Sangspruchthemen in einem ihnen gemäßen »minnesängerischen« Stil bearbeitet (vgl. in *Des Minnesangs Frühling* etwa Meinloh, viele Strophen Veldekes, Hausen XVI, Rugge V oder X,2, Berngers Lügenlied). Dies sind nicht viele Belege, aber sie widerlegen doch eine scharfe Trennung der Aufgaben in der Gesellschaft. Walther ist dafür das beste Beispiel, wie immer man das Phänomen erklärt. Die Gattung als reine Funktion der Lebensform (Nellmann 1989) greift zumindest im Hinblick auf spätere Verhältnisse zu kurz. Nach Walther findet man häufiger ritterbürtige Herren, die sich der Sangspruchdichtung verschrieben. Reinmar von Zweter, Walther von Metz, Reinmar von Brennenberg, von Wengen, Friedrich von Sonnenburg, Johann von Ringgenberg, Wizlav von Rügen, der Herr von Buchhein, Hermann Damen u.a. Auch die Zahl der Meister, welche die Minnedichtung in ihr Repertoire aufnahmen, ist nicht so klein, daß man sie nur als Ausnahme sehen könnte: Marner, Meister Sigeher, der Tannhäuser, Konrad von Würzburg, Meister Alexander, der Kanzler, der ältere Meißner, Rumelant von Sachsen, Hadlaub u.a. Der Rost und Heinrich Teschler, erwiesenermaßen »Bürgerliche«, pflegten sogar den Minnesang ausschließlich. Aber daß die Lebensweise des Fahrenden und die damit verbundene existentielle Unsicherheit die Wahl des Genres entscheidend mitbestimmt, ist sicher richtig.

Bei Konrad von Würzburg wird die Spannung zwischen den beiden Gattungen noch einmal offenkundig. Etwa 50 Jahre nach Walther, der Minnesang und Sangspruch in einer Person zusammenführte, spielt Konrad von Würzburg mit dieser Trennung. Er schreibt »Minnelieder«, die in spruchhaftem Stil Informationen über Leiden und Freuden der Liebe vermitteln und einen entschiedenen didaktischen Impetus haben. Daß er in solchen Strophen Minnesang umfunktioniert, ist ihm durchaus bewußt, wie etwa die folgenden Verse zeigen:

> *Ich solt aber singen*   *von den rôsen rôt*
> *und des meien güete,*
> *der mit sîner blüete*   *zieret wilden hac:*
> *nû wil mich betwingen*   *des ein ander nôt,*
> 5 *daz ich mit gedoene*
> *liehte bluomen schoene*   *niht geprîsen mac.*
> *ich muoz strâfen die verschamten rîchen tugentlôsen,*
> *die sich in der schande clôsen* *hânt getân.* (19, 1-8)

Wenn auch die Opposition Minnesänger – Sangspruchdichter unter sozialen und rechtlichen Kriterien nicht strikt durchzuhalten ist, so treffen die diese Unterscheidung begleitenden Oppositionen meist zu, so die Unterscheidung ›behaust-unbehaust‹. Die Sangspruchdichter gestalten sie gerne mit dem Bild ›wirt-gast‹ oder der oben schon angesprochenen Opposition ›geben-nehmen‹. Diese bestimmt so sehr das Dasein der Dichter, daß sie die sie prägende Formel *guot umb êre nemen* wählen, um ihre (zeitweilige) Lebensweise, ihre Gruppe und sich selbst zu bezeichnen (Belege bei Bäuml 1960 und Franz 1974, S. 110).

Die sozialen Absetzbewegungen vollziehen sich in der Sangspruchdichtung in der Regel in polemischen Strophen. Dabei ist es schwierig, gruppenabgrenzende und gruppenimmanente Polemik zu unterscheiden, da sie meist anonym bleibt und dadurch stark kollektivierende Tendenzen aufweist. Grundsätzlich wird man jedoch mit folgenden Gruppen rechnen müssen, mit denen sich die Sangspruchdichter auseinandersetzen:

– Kollegen gleichen Ranges mit vergleichbaren künstlerischen und sozialen Ansprüchen (s.u. *Dichterfehden*). Das ist in der Regel eine literarische Kritik mit einem individuellen Adressaten.
– sogenannte ›Nachsänger‹, d.h. Dichter, die auf eine eigene Tonproduktion verzichten und ihre Texte Tönen anderer Meister unterlegen. Der Schulmeister von Esslingen, Wengen und der Hardegger könnten zu dieser Gruppe gezählt werden, aber auch der Tugendhafte Schreiber, Autoren, die – soweit wir wissen – nicht zum Typ der *gernden meister* gehören und deswegen direkter Kritik entzogen sein könnten.
– *künstelose* Unterhaltungskünstler mit verschiedenen Fertigkeiten (Musiker, Tänzer, Artisten u. ä.). Man könnte auch an reproduzierende Sänger denken, die *den künsterîchen stelnt ir rede und ir gedoene* (Konrad von Würzburg 32, 185), d.h. an Sänger, die Lieder von anderen darbieten, als seien es die eigenen, aber auch an Künstler (vgl. Marner XV, 14), die mündlich tradierte Dichtung vortragen (»Sprecher«). Sie bleiben anonym und die Kritik trifft nicht den einzelnen, sondern die Gruppe.
– sonstige Konkurrenten. Der Meißner polemisiert etwa gegen *hobemüniche unde klosterrittere* (XVII,13,10), Hofkleriker wahrscheinlich. Zu dieser Gruppe gehören aber auch *adulatores, leccatores u.ä.*, ebenso *valsche ratgeber*, die den gelehrten Meistern das Ohr der *herren* und die Rolle des Lehrers für Moral und gute Sitte streitig machen wollen. (Daß hier auch Neid auf am Hof

oder an sonstigen Institutionen etablierte Sekretäre und Kanzlisten eine Rolle spielte, ist anzunehmen.)

Überschneidungen, Übergänge von gruppenabgrenzender und gruppenimmanenter Polemik sind natürlich nicht ausgeschlossen.

In diesen Polemiken versuchen sich die Sangspruchdichter als selbstbewußte Vertreter eines neuen Dichtertyps zu profilieren, der durchaus eine *species sui generis* zu sein scheint und sich (zumindest durch das anders gelagerte Selbstbewußtsein) vom Typ des Minnesängers, aber auch von dem des ›höfischen Spielmanns‹, wie ihn Gottfried von Straßburg mit seinem ›Tristan‹ zeichnet, absetzt. Die Polemiken haben zwei Stoßrichtungen: Sie wollen die Gegner künstlerisch und moralisch abwerten – und dabei natürlich die eigene Position entsprechend aufwerten.

Maßstab aller Bewertung ist die *kunst*. Friedrichs von Sonnenburg kleine Hymne auf die Kunst (19) macht das exemplarisch deutlich, aber auch Rumelant (HMS III,62:6):

> *Alle kunst ist guot, da man ir guote zuo bederbet;*
> *swa man übele tuot mit kunst, des ist diu kunst unschuldik;*
> *kunst ist guot in sich, ze guote hat sie Got gedaht.*
> *Swer niht guoter kunst enkan, der laze sie unverderbet;*
> *kunster[e], wis bi grozer kunst demuotik unde gedultik,*
> *so wirt Gotes wille an dir mit künsten vollenbracht.*
> *Den Got mit künsten hat gerichet,*
> *tuot er wol mit kunst, der edele riche,*
> *so hat er ez also gelichet,*
> *daz er sich eime edelen manne geliche.*
> *kunster, huete, daz bi kunst din laster niht enbliche;*
> *so huete ein edel man, daz in diu schande niht besliche,*
> *niht uz adele wiche,*
> *der in adele ist wol geslaht.*

kunst dient der Freude der Gesellschaft und der aristokratischen Statusdemonstration, *kunst* kommt von Gott und dient Gott – und der schenkt sie nur Würdigen. Ein typisches Ensemble von Argumenten, das den Dichter in die aristokratische Gesellschaft einbindet und seiner Kunst eine theologische Begründung gibt. Wer angegriffen wird, bleibt meist im Dunkeln: *undiet* ›Gesindel‹ nennt Sonnenburg sie. Oft sind die Gegensätze deutlicher: *unkunst-kunst; gîger-meistersanc;* Instrumentalmusik-Dichtung (*sanc*). Versöhnlich und etwas herablassend formuliert der Unverzagte (HMS III,44, II:1):

Ez ist ein lobeliche kunst,
der seiten spil ze rehte kan.

Er begründet die Überlegenheit des Sangspruchdichters mit der didaktischen Komponente, die dem *sanc* als Kombination von Wort
und Musik innewohnt: *mit sang ist al diu werlt genesen.* Energischer
setzt der Meißner (X,1,7) seine Worte: *gedone ane wort daz ist ein*
toder galm. Er schiebt auch sogleich eine theologische Begründung
nach: *so ist vur gote sanc gehort* (›dagegen hört man im Angesicht
Gottes Gesang‹) [weitere Belege bei Objartel 1977, S. 287]. Hier
klingt vielleicht die Scheu der alten Kirche vor der Gewalt der Musik nach (Der Satz *sic cantat servus Christi ut non vox canentis, sed*
verba placeant wird Augustinus zugeschrieben), sicher aber profiliert
sich hier der *meister*, der *wort* und *dôn* beherrscht, wohl auch der,
der neue Töne erfindet, gegenüber dem *videlaere, gîgaere*, den er als
nicht gleichwertig erachtet, dessen er sich aber gelegentlich als eines
musikalischen Begleiters bedient, (wenn man manchen Miniaturen
der Manessischen Handschrift glauben darf [Frauenlob, Tafel 129;
Kanzler, Tafel 137] bzw. romanische Verhältnisse zum Vergleich
heranzieht). Letztlich handelt es sich bei den Unterscheidungen um
die spruchmeisterliche Ausprägung des für die mittelalterliche
Literaturgeschichte so bedeutenden Gegensatzes *literatus-illiteratus*,
der sich auch in der Musikgeschichte in Gegensätzen wie *ars* und
usus, cantor und *musicus, musica regulata* und *musica usualis* manife-
stiert. Bildung, musikalische Begabung und wohl auch Einbildungs-
kraft machen also die künstlerische Persönlichkeit des Sangspruchdichters aus.

Mit der künstlerischen Abqualifizierung der Konkurrenten geht
oft Hand in Hand die moralische. Auch die wird schichtimmanent
wie schichtspezifizierend eingesetzt und besagt, daß der Kunstlose
auch der moralisch Unterlegene ist. Diese anmaßende Gleichsetzung
ist nur vor dem Hintergrund des moralischen Anspruches zu verstehen, den die Sangspruchdichter an sich selbst und an ihre Konkurrenten stellen. Sie wird von der Vorstellung bestimmt, welche
Stellung und welche Funktion der Dichter in der Gesellschaft haben
sollte. Eindrucksvoll formuliert das der Meißner (XV,4).

Ez vraget maniger, waz ich kunne.
ich spreche, ich bin ein lerer aller guoten dinge
unde bin ein ratgebe aller tugent. ich hazze schande.
We dem, der mir eren vergunne!
ich bin vursten dienst, of gnade lied ich singe
unde bin der eren pilegrim, secht, in manigem lande.

Es ist verständlich, daß dort, wo künstlerische Tätigkeit so stark von moralischen Kategorien abhängt, der Gegner mit moralischen Angriffen niedergemacht wird. *lüge* ist darum ein zentraler Vorwurf, der natürlich vor der Folie der eigenen Wahrhaftigkeit formuliert wird. Die vielen Wahrheitsbeteuerungen – neben der *milte*-Forderung wohl der hervorstechendste Zug in der Sangspruchdichtung – haben hier ihren Grund (Zusammenstellung bei Franz 1974, S. 70, Anmerkung). In der schichtenspezifizierenden Polemik spielt die ständige Rekurrenz auf die Wahrheit und auf die Wahrhaftigkeit eine noch größere Rolle. Die Spielleute galten bis in die Neuzeit als lügenhaft, und die Sangspruchdichter, die ja öfter in enger sozialer Nachbarschaft mit ihnen lebten, liefen dauernd Gefahr, von Außenstehenden mit ihnen gleichgesetzt zu werden. Darum ist das Wahrheitsideal eines ihrer Identitätsmerkmale. Sie setzten sich auch selbstbewußt und energisch gegen solche (Vor)urteile zur Wehr. Das konnte sehr drastisch geschehen – was ja nur die durch den Status des Fahrenden bedingte Nähe und den damit verbundenen Distanzwunsch unterstreicht. Ein instruktives Beispiel, auffallend durch die affektgeladene Sprache, die scheinbare Unbeherrschtheit, aber auch durch die sich darin negativ spiegelnde eigene Position ist die 57. Sangspruchstrophe Friedrichs von Sonnenburg.

> *Verschamter munt, du lügevaz,*
> *du hellestric, du triegel,*
> *du vellesal, du erenschur, diz merke, lügenaere:*
> *Du dienest ungevuocheit haz,*
> *verschamter schandenspiegel!*
> *dich machet erelose lüge gote und der werlt unmaere!*
> *Lüge, alles valsches anevanc,*
> *du wurzel alles meiles,*
> *Din kurz unsaelde wirt ze lanc,*
> *dir we des ungeheiles!*
> *Du aller guoten tat verkius,*
> *pfi dich, du reht verkere!*
> *Du dienebloz, du vriuntverlius,*
> *du veigest saelde unde ere!*

3.　Kunstauffassung und Dichterfehden

Am eindrucksvollsten definiert sich der neue Literatentyp des Sangspruchdichters in den sog. Dichterfehden. Der ›Wartburgkrieg‹, in dem die Sangspruchdichtung gleichsam zu sich selbst kommt, be-

leuchtet das trefflich. Fehden sind einmal »Ausdruck und Instrument
realer Auseinandersetzungen zwischen Rivalen im zeitgenössischen Li-
teraturbetrieb« (Wachinger 1973, S. XI), sie sind aber auch Indiz für
gruppendefinierende Werte. Wer seine individuelle und gruppenbezo-
gene Identität in der Kunst sucht, muß bemüht sein, sie rein zu halten. Darum geht es auch in den Fehden. Der Streit Rumelants mit
Singauf (HMS III,49: 3-4; 49b: 1-2 bzw. 65 VIII, 2-3) ist dafür ein
instruktives Beispiel. Singauf appelliert an seinesgleichen, an den
durchgründik meister und präsentiert ein Rätsel. Es zu lösen, ist eine
meisterliche Tätigkeit, denn sie erfordert artistische Kompetenz und
Gelehrsamkeit. In einem solchen Wissenskampf erweist die Lösung
die *wîsheit* des Ratenden. (Die Situation wird im ›Wartburgkrieg‹
episch verdeutlicht.) Die Herausforderung Singaufs, die auf einen
Rangwettstreit zielt, ist also legitim. Dennoch desavouiert sie den
Herausforderer, wie Rumelant (besonders VIII,2) feststellt, denn die
Kunst bedarf nicht der marktschreierischen Mittel, wie sie Singauf
im Stropheneingang einsetzt. *kunst* wirkt durch sich selbst:

*nieman sol sîn selbes kunst ze sêre prîsen. /.../ kunst sich rüemet selbe wol, swer
sie die wîsen lieze spehen* (Marner XV, 19e, v.5,10).

Mit solchem prahlerischen Anpreisen (»Spielmann«-Attitüde) ver-
fällt der Sänger selbst der *superbia* (s. den Vergleich mit Luzifer
VIII,2,14) und verunglimpft auch die Gruppe (Belege hierzu Franz
1974, S. 68f.; Roethe 1887, S. 191). Wenn dann noch *sîn liet valsch*
ist, kommt zu dem Vorwurf der Überheblichkeit der der fehlenden
(Aus)bildung. Darum betont Rumelant VIII,3 noch einmal die
Grundlage meisterlicher Kunst, nämlich die literale Bildung (*er liset
in buochen* v. 4, *der schrift in buochen künde hat* v. 11).

Sendungsbewußtsein, Selbstverständnis, Berufsethos und Standes-
bewußtsein finden in diesen polemischen Strophen ihren Ausdruck:
Ihre Basis haben sie aber in der Kunstanschauung der *meister* – und
die ist auf der Opposition *wîse-tump* (und ihrer Variation) und
›richtig-falsch‹ aufgebaut. *wîsheit* ist natürlich aller gnomischen
Dichtung eigen. Die Sangspruchdichter betonen aber besonders ihre
laikal-poetologische Ausrichtung (ohne die Bindung der *wîsheit* an
Gott zu übersehen). *wîse* sein heißt eben, die magistrale Kunst, wie
sie sich im Sangspruch äußert, und ihre Poetik zu beherrschen. Das
hebt die Meister aus der großen Menge der Unterhaltungskünstler
heraus. Es sind »gelehrte« Leute, und manche haben sicherlich auch
eine gelehrte Ausbildung erfahren. – Der Marner dichtete auf
Deutsch, aber wohl auch auf Latein! – Jedenfalls stellen sie sich
selbst in eine gelehrte Tradition und haben gelehrte Vorbilder:

> *Waer' ich in künsten wîse, also Plato was,*
> *ein Aristoteles unde ein meister Ipocras,*
> *Galenus unde ein Socrates, die wisen,*
> *Virgilius kunst, Boecius, Cato, Seneca mite*
> *Donatus, Beda ... .*

Rumelant (HMS III, 55:12, vgl. auch Boppe HMS II, 382:22)

Der spruchmeisterliche Kunstbegriff unterscheidet sich in seinen Grundzügen nicht von dem anderer Dichter des hohen Mittelalters und ist wie alle mittelalterliche Wirkungsästhetik dem Horazischen *aut delectare aut prodesse* (›Ars Poetica‹ v.333f.) verpflichtet. Aber für die Sangspruchdichter wird aufgrund ihrer sozialen Lage der Kunstbegriff zum allein entscheidenden, zum Zentrum ihres Selbstwertgefühls und ihrer künstlerischen Existenz. Er läßt sich in wenigen Leitgedanken zusammenfassen (Belege finden sich bei fast allen Autoren, s. Boesch 1936, pass.):

- *kunst* soll Gott und der Welt dienen,
- *kunst* will zur Tugend führen und Kurzweil schaffen,

Aus diesen Sätzen lassen sich weitere ableiten, die schon oben angesprochen sind:

- *kunst* gründet sich in der *wîsheit*
- *kunst* will *lêren*
- *kunst* dient der *warheit*.

Mit dem *kunst*-Begriff verbindet sich seit eh und je die Frage nach den Quellen der Dichtung. Hier gilt für die Sangspruchdichter wie für alle mittelalterlichen Autoren die Auffassung, Dichtung sei eine *ars* und damit erlernbar. Eine Modifizierung bringt dann die in diesem Zusammenhang öfter zitierte Strophe Konrads von Würzburg (32,301ff.):

> *Für alle fuoge ist edel sang getiuret und gehêret,*
> *darumbe daz er sich von nihte breitet unde mêret.*
> *elliu kunst gelêret*
> *mac werden schône mit vernunst,*
> *wan daz nieman gelernen kan red und gedoene singen;*
> *diu beidiu müezen von in selben wahsen unde entspringen:*
> *ûz dem herzen clingen*
> *muoz ir begin von gotes gunst.*

Explizit formuliert Konrad hier den Sachverhalt und argumentiert: (1) *edel sanc* überragt jede andere Kunst, (2a) weil er an keine Materie gebunden ist und (2b) weil er mehr ist als eine lernbare *ars*. In seiner

Begründung benutzt Konrad dann allerdings einen metaphorischen Begriff, *herze*. Wie immer man diese Metapher versteht – und sie wird in kunsttheoretischen Diskussionen der Zeit oft benutzt –, der umschriebene Sachverhalt darf nicht so gedeutet werden, daß *ars* (zumindestens sofern sie die formale Seite der Kunst darstellt) nicht erlernbar sei, wohl aber so, daß der Dichter mit Wissen und Lernen allein nicht bestehen kann. Rumelant formuliert *mich treit diu gotes helfe unde ouch min sin* (HMS III,64: VI,2,10), d.h. das von Gott verliehene spezifische dichterische Vermögen. Insofern kann Konrad von Würzburg im ›Trojaner Krieg‹ (hg. v. A. von Keller, v. 69ff.) formulieren:

> *ich sage zwivalt êre,*
> *die got mit siner lêre*
> *ûf einen tihter hat geleit.*
> *sîn herze sunderlichen treit*
> *ob allen künsten die vernunst,*
> *daz sîne fuoge und sîne kunst*
> *nâch volleclîchen êren*
> *mac nieman in gelêren.*
> *wan gotes gunst aleine*
> *[........]*
> *swaz künste man verrihten*
> *hie kan ûf al der erden,*
> *diu mac gelernet werden*
> *von liuten, wan der eine list,*
> *der tihten wol geheizen ist.*

Mit solchen Berufungen auf Gott als den Urgrund aller Kunst haben sich die Sangspruchdichter natürlich auch dem Legitimationsdruck entzogen, der ihnen in dem Konkurrenzverhalten zu (fahrenden) Geistlichen und überhaupt mit kirchlichen Strömungen der Zeit erwuchs. Ein zweiter Legitimationsstrang ergab sich für sie aus der biblischen Tradition: David gilt als Patron, als Stammvater der Sänger. Kunst besitzt somit auch eine soziale Rechtfertigung. Dies formuliert der wilde Alexander und begründet damit zugleich die Verpflichtung der Hochgeborenen zum Mäzenatentum.

> *Dô durch der werlde unmüezekeit*
> *her abe von küniges künne schreit*
> *daz tihten und daz singen,*
> *von sündehaften schulden ez quam*
> *daz daz seitspil urloub nam*
> *und der juncvrouwen springen.*
> *dô viel ez an die ergern hant.*

ein armiu diet sichs underwant,
ûf daz der künste niht gieng abe.
dô truogn die herren durch die kunst
den selben helfebære gunst
und nerten sie mit varnder habe. (KLD 1, II, 12)

4. Publikum und Repertoire

Auch bei dieser Fragestellung muß sich der Literaturhistoriker mit literaturimmanenten Zeugnissen begnügen, mit erschlossenen Nachrichten, die pragmatische Interpretationen der Texte liefern können, und mit expliziten Zeugnissen wie Publikumsanreden bzw. -beschreibungen und Gönnernamen.

Mit *her* sprechen die Sänger ihr Publikum an und differenzieren nach soziologischen Kriterien (*hêr keiser* Walther 11,30; *hêr künec* Walther 26,32; *ir fürsten, herren, dienestman, ir ritter* Frauenlob IX,5,5; *ir edelen herren, ritter...unde alle geistlich orden* Rumelant III,55:14,1), nach ethischen Kriterien (*verschamten argen herren* Rumelant III,58:16,1; *die bittern, vulen suren kargen eren blozen ir herren namen / die waenent, sich den suezen milten herren gelich genozen* Rumelant ebd. v.5-6; *der lieben suezen milten herren angesiht mich vröuwet* Rumelant HMS III,58:15,1) oder nach intellektuellen Kriterien (*tumme diet* der Meißner XII,2,10; *ir edelen tumben, wes lânt ir iuch gerne tôren triegen*, Konrad von Würzburg 32,181; weitere Belege bei Franz 1974, S. 108ff.)

Zweierlei Eigenschaften zeichnen nach Ansicht der Sänger das ideale Publikum aus: Freigebigkeit (*milte*) und Kunstverstand (im Blick auf die eigene Existenz spiegelbildliche Erscheinungen also). Beide stehen nicht immer im rechten Verhältnis *eren koufaere ist niht vil, verkoufaere ist genuok* (Kelin HMS III,22:4,3). Oft beklagen sich die Sänger über den fehlenden Kunstverstand und über falsch geübte *milte*, eine Erfahrung, die schon Walther machte:...*daz man mich bî sô rîcher kunst lât alsus armen* (28,2).

Die Sänger wenden sich also an eine repräsentative, aber auch qualifizierte Öffentlichkeit. Sie sprechen ein adeliges Publikum, Laien und Geistliche, an, in der Regel Männer, selten Frauen (Frauenlob scheint hier eine Ausnahme zu sein). Der Sangspruch ist also wie der Minnesang Hofdichtung, und zwar für die gesamte historische Reihe, die wir übersehen, von Herger bis Frauenlob. Daran ändert auch die Tatsache nichts, daß man in den Anfängen mit mündlichen Traditionen, die sozial nicht so stark gebunden sind, rechnen muß und bei einzelnen späteren Autoren (etwa bei Konrad von Würzburg) an ein Publikum in der Stadt denken kann. Im Unterschied zum Minnesang scheint der Sangspruch sich aber nicht auf wenige große Höfe beschränkt zu haben: Schon das erste Gönnerzeugnis im 12. Jahrhundert bei Herger (I,2-5) nennt neben der gräflichen Familie der Öttinger freiherrliche Häuser (Hausen, Steinsberg), Familien, die wohl in der Rheinpfalz, Thüringen und Bayern anzusiedeln sind. Weder die räumliche Streuung noch der im Vergleich zu anderen Gönnerzeugnissen niedrigere soziale Rang kann verwundern, da der Sangspruchdichter als herumziehender, auf *lôn* angewiesener Sänger und als ein Spezialist in einem lyrischen Genre für seine Kunst auch eine andere kulturelle Infrastruktur brauchte als der Epiker, der auf die technischen Möglichkeiten einer Kanzlei angewiesen war, oder der Minnesänger, der in der Regel als adeliger Dilettant unter seinesgleichen wirkte. Beide haben zumindestens zeitweilig ein Zentrum für ihre Kunstübung. Für den Sangspruchdichter dagegen gilt Walthers Klage (31,29):*›sît hînaht hie, sît morgen dort‹, waz gougelfuore ist daz* oder die Feststellung Konrads von Würzburg (32, 189):*waere ich edel, ich taete ungerne eim iegelichen tôren liep.* Positiv klingt das Motiv in geographischen Registern oder in der Beschreibung fiktiver oder wirklicher Reiserouten an (vgl. Walther 31,13; Tannhäuser XII,4; Sonnenburg 55, Boppe HMS II, 383:25 und vor allem Oswald von Wolkenstein).

Das kulturelle Netz läßt sich am ehesten aus Gönnerzeugnissen rekonstruieren (eine Sammlung bei Bumke 1979, S. 479-496, 560-645, speziell für den Sangspruch des 13. Jahrhunderts Georgi 1969, S. 195-197). Allerdings wird man daraus kein Sänger-Itinerarium konstruieren können, wie Bumke (ebd., S. 349) es forderte und Salmen es für die spätere Zeit versuchte, da sich Residenzen erst im Laufe des 13. Jahrhunderts bildeten und darum nicht nur der Sänger von Ort zu Ort zog, sondern auch die Herren. Wenn z.B. Walther in seinen Sangspruchstrophen Kaisern und Königen (König Philipp von Schwaben, Kaiser Otto IV., Kaiser Friedrich II.) huldigt, die bedeutendsten Reichsfürsten (Leopold VI. von Österreich, Dietrich von Meißen, Hermann von Thüringen, Ludwig von Bayern, Bernhard von Kärnten, Engelbert von Köln u.a.) lobt und tadelt, gräfliche Gönner und geistliche Herren (Wolfger von Erla, Diether von Katzenellenbogen, Berthold von Andechs u.a.) anspricht, muß daraus nicht geschlossen werden, daß er auch ihre Stammburgen oder Residenzen besucht hat. Er kann ihnen auch auf Reichs- und Fürstentagen, bei Wahl- und Krönungsakten, Synoden

oder bei anderen Festlichkeiten begegnet sein, die als literarische
Kommunikationsbörse dienten, die aber auch die traditionellen
Orte waren, wo Minnesang und Sangspruch als Repräsentationsakte
öffentlich wurden. Mit Sicherheit ist Walther am Wiener und am
Thüringer Hof gewesen, wohl auch am Kärntner Hof in St. Veit,
am Meißner Hof und am Rhein (Katzenellenbogen).

Wien und Thüringen sind als literarische Zentren des ausgehen-
den 12. Jahrhunderts auch aus Zeugnissen von Autoren anderer
Gattungen bekannt und spielen wie Meißen und der Kreis um die
Grafen von Katzenellenbogen noch in späterer Zeit eine Rolle. Im
13. Jahrhundert tritt vor allem der Böhmer Hof der Premysliden
hinzu – Reinmar von Zweter, Sigeher, Friedrich von Sonnenburg,
Bruder Werner, der Meißner und Frauenlob loben ihn –, der Hof
der Askanier und der Wettiner Hof. Der glänzende Wettiner Hof
unter Heinrich III. bleibt in der Sangspruchdichtung allerdings
ohne großen Widerhall (der ›Wartburgkrieg‹ wird mit ihm in Verbindung gebracht, Reinmar von Zweter erwähnt ihn in Strophe
227), ganz im Gegensatz zum Brandenburger Hof, der über mehrere Generationen von Sangspruchdichtern gefeiert wird (Meißner,
Goldener, Hermann Damen, Frauenlob). Diese Höfe und im gewissen Sinne auch der Hof Wizlaws von Rügen in Barth
dokumentieren ihr literarisches Interesse auch dadurch, daß Glieder des fürstlichen Hauses selbst als Liederdichter dilettierten, freilich als Minnesänger (Graf Heinrich von Anhalt, Heinrich III. von
Meißen, Otto IV. von Brandenburg mit dem Pfeile, evtl. auch
Heinrich von Breslau).

In diesem Zusammenhang ist auf ein Problem hinzuweisen, das
bisher in der Forschung kaum beachtet wurde. Walther umreißt die
Grenzen seiner Wanderschaften *von der Seine unz an die Muore, von
dem Pfâde unz an die Trâben* (31,13f.), also von der Seine bis zur
Muore in der Steiermark, vom Po bis zur Trave bei Lübeck. Selbst
wenn man bei dieser Umgrenzung nur an die deutschsprachigen
Gebiete denkt, muß man fragen: Wie haben sich fahrende Dichter
unterhalten, in welcher Sprachform haben sie ihre Texte vorgetragen? Sprachen sie die Mundarten ihrer Heimat, wird ein Südtiroler
einen Ostfalen, oder ein Niederfranke einen Oberalemannen nicht
verstanden haben. Waren die Sänger mehrsprachig oder benutzten
sie gewisse Ausgleichssprachen (wie man es etwa für Heinrich von
Veldeke annimmt), die großräumig Verwendung fanden? In der
Handschrift J zeigen sich solche Ausgleichserscheinungen zwischen
Nieder- und Mitteldeutsch. Sind das Relikte konkreter Auffüh-
rungssituationen oder doch nur Merkmale einer Schreibstube?

Für die Geschichte der Sangspruchdichtung ergeben sich hier
zwei wichtige Aspekte. Einmal: Minnesang und Sangspruch wirken
und entstehen in gleicher Umgebung (wie wohl auch schon im Anfang ihrer Geschichte Beziehungen bestehen: Hergers Gönner lassen
sich durchaus mit Pflegestätten des Minnesanges, mit der sog. Hausen-Schule verbinden). Zum anderen werden hier räumliche und
dynastische Beziehungsnetze deutlich, die Sangspruchdichter für ihren literarischen Austausch nutzen konnten (Empfehlungsschreiben
für fahrende Künstler sind zumindest für das 13. Jahrhundert belegt). Diese Infrastruktur wird noch verdichtet, wenn die zahlreichen kleineren Höfe, deren Herren in den Gönnerstrophen gerühmt
werden und die verwandtschaftliche oder andere Beziehungen zu
den Wettinern, Brandenburgern und Premysliden hatten, hinzuge-
zählt werden. Auf ähnliche, wenn auch weniger bedeutende Netz-
werke lassen auch Strophen schließen, in denen Adelige aus verschiedenen Familien gemeinsam gerühmt werden, etwa Ulrich von
Rifenberg und Volker von Kemenaten (beide urkundlich zwischen
1231 und 1270), die von Kelin, Friedrich von Sonnenburg und Rumelant von Schwaben gepriesen werden. Über sie könnte man auf
literarisch interessierte Kreise im Tiroler Adel schließen. Ausgeprägte
städtische Rezeptionszentren sind nur dort erkennbar, wo Stadt und
Residenz zusammenfallen (etwa Wien, Prag, München, Landshut)
bzw. dort, wo weltlicher oder geistlicher Adel städtische Häuser besitzen (vgl. etwa Bischof Konrad von Lichtenberg, den Konrad von
Würzburg rühmt, oder der Zürcher Literaturkreis, der allerdings vor
allem durch Minnesang geprägt war). Die Bedeutung und die über
Jahrzehnte währende Prägekraft, wie sie etwa das nordfrz. Arras er-
reichte, wo neben Berufssängern Geistliche, städtische Beamte und
Bürger zusammen wirkten, haben deutsche Städte und Residenzen
im 13. und 14. Jahrhundert wohl nie gehabt.

Die Überlieferung erweist die Sangspruchdichter als Spezialisten
des lyrischen Genres. (Ein Wechseln zwischen Sangspruch und Minnesang kann natürlich immer mitgedacht werden. Thematisiert ist
er etwa bei Sonnenburg 73). Der in allen literarischen Sätteln ge-
rechte Konrad von Würzburg ist da die regelbestätigende Ausnahme. Dennoch gibt es einige Strophen, die ein umfangreicheres
Repertoire andeuten, nämlich Marners »Publikumsbeschimpfung«
(s. neben XV, 14 auch XV, 16) und Konrads von Würzburg Angriff
auf den Meißner. Ihre ironisch gebrochenen Aussagen sind allerdings schwer deutbar, der Wirklichkeitsgehalt zweifelhaft. (Hatte
der Marner alle genannten Stoffe in seinem Repertoire?)

Sing ich dien liuten mîniu liet,
sô wil der êrste daz
wie Dieterîch von Berne schiet,
der ander, wâ künc Ruother saz,
der dritte wil der Riuzen sturm, sô wil der vierde Ekhartes nôt,
Der fünfte wen Kriemhilt verriet,
dem sehsten taete baz
war komen sî der Wilzen diet.
der sibende wolde eteswaz
Heimen ald hern Witchen sturm, Sigfrides ald hern Eggen tôt.
Sô wil der ahtode niht wan hübschen minnesanc.
dem niunden ist diu wîle bî den allen lanc.
der zehend enweiz wie,
nû sust nû sô, nû dan nû dar, nû hin nû her, nû dort nû hie.
dâ bî hæte manger gerne der Nibelunge hort.
der wigt mîn wort
ringer danne ein ort:
des muot ist in schatze verschort.
sus gât mîn sanc in manges ôre, als der mit blîge in marmel bort.
sus singe ich unde sage iu, des iu niht bî mir der künec enbôt.

(Marner XV, 14)

er dœnet vor uns allen sam diu nahtegal vor gîren;
man sol ze sînem sange ûf einem messetage vîren.
›alsus kan ich lîren‹,
sprach einer der von Ecken sanc.

(Konrad v. Würzburg 32, 298ff).

Worauf der Marner anspielt, scheint Illiteraten-Literatur zu sein (Kurzepen, strophische Heldenlieder), Lieder, die man *ûf einem messetage* vortrug (so könnte man Konrads Strophe interpretierend hinzuziehen). Es sind aber auch Stoffe, die auf dem Wege zur Literarisierung waren. Als gesungene strophische Dichtung haben sie zumindest eine formale Parallele zum Sangspruch. Curschmanns (1986) Überlegung, daß in diesem Literarisierungsprozeß die literaten Sangspruchdichter eine Rolle spielten – der Vortrag von Heldendichtung ist, wie der Marner ja durchblicken läßt, der bequemere Weg zum Broterwerb –, ist nicht von der Hand zu weisen. Freilich ist diese reproduzierende Tätigkeit nicht schriftlich dokumentiert und somit nicht überliefert worden. (Ob die Sangspruchdichter aufgrund ihres Fahrendenstatus auch Bedeutung im Bereich des Nachrichtenwesens hatten und sich dadurch eine weitere Verdienstmöglichkeit erschlossen, ist bisher nicht bedacht worden. Huckers Neuinterpretation von Walthers Lebenszeugnis (1989) deutet in diese Richtung).

IV. Der Sangspruch in europäischen Bezügen

Wenn man in Deutschland mittelalterliche Lyrik in europäischen Bezügen betrachtet, geschieht dies vor allem bei der Liebeslyrik. Verständlicher Weise, denn die zeitprägende und dominierende Gattung, die Minnekanzone, ist die eigentliche Innovationserscheinung des 12. und 13. Jahrhunderts, die schnell alle volkssprachigen Literaturen erfaßt und ihnen ihren Stempel aufdrückt. Eine vergleichbare Betrachtungsweise zwingt sich bei der Lyrik, die nicht Liebeslyrik ist, nicht auf, und darum sind vergleichende Untersuchungen selten. Thematische Gemeinsamkeiten wurden gleichwohl immer gesehen (s. etwa Moser 1957). Man muß aber fragen, ob sie mehr sind als ein *fundamentum in re*, d.h. vor- und subliterarische Erscheinungen, in denen sich vergleichbare, nicht an eine Einzelsprache gebundene soziale Erfahrungen Ausdruck verschaffen (Sprichwort, Rätsel, Spottvers u.a.). Will man aber den Sangspruch (und nicht thematische Materialien zum Sangspruch) in europäische Bezüge stellen, dann kommen als Vergleich nur höher entwickelte literarische Formen in Betracht. Für die Zeit nach 1150 heißt das: Vergleichbares findet sich faktisch nur in den satirischen, politischen und didaktischen Registern der provenzalischen, altfranzösischen und mittellateinischen Literatur. Hier ist denn auch Beeinflussung faßbar und z.T. auf Personen und Gattungen beziehbar. Allerdings ergeben sich bei Untersuchungen einige Schwierigkeiten, da die Entsprechungen in den Nachbarliteraturen weniger strikt unter dem Autorenprinzip überliefert sind als in Deutschland und – z.T. auch dadurch bedingt – die zeitliche Schichtung der literarischen Tradition unsicher ist. So ist die für Deutschland bedeutendste Quelle mittellateinischer vergleichbarer Texte die Handschrift der ›Carmina Burana‹ (C.B.), die überhaupt keine Autorennamen überliefert. Partielle Anonymität ist auch ein Merkmal der *coblas* (*espersas*), die neben Sirventes und Tenzone dem Stil- und Gattungsregister ›Sangspruchdichtung‹ auf romanischer Seite am nächsten kommen.

Die *cobla* weist viele Parallelen zum Sangspruch auf. Sie gehört (wie das *sirventes*) zum Repertoire des Joglar, findet aber auch Eingang in die Hofkultur, die aus Bedürfnis nach literarischem Raffinement auch sog. niedere Gattungen pflegt. Als eigenständige Gattung tritt sie relativ spät auf (wie der Sangspruch Ende des 12., vor allem

zu Beginn des 13. Jahrhunderts) und konkurriert mit der Minnekanzone. Einstrophigkeit ist ihr Formprinzip. In sog. Coblenwech-
seln können jedoch *coblas* als Angriff und Verteidigung, Frage und
Replik zu mehrstrophigen Gebilden zusammengefügt werden. Coblas sind anonym, mit unsicheren Jongleurnamen verbunden, aber
auch unter Namen berühmter Autoren überliefert (Peire Cardenal,
Sordel, Bertran de Born u.a.). Thematisch vielseitig wie die *cobla* ist
auch das Sirventes, mit über 500 überlieferten Liedern die quantitativ zweitgrößte Gattung der Trobadorlyrik. Thematisch ist das *sirventes* wie die Sangspruchdichtung ein Konglomerat verschiedenster
Stoffe und Themen, deren Gemeinsamkeit darin besteht, daß sie
nicht von der Liebe handeln. Sie werben für höfische Ideale (auch
hier hat die *milte*, die *larguza* einen zentralen Platz). Sie schmähen
und verspotten Herren und Kollegen und haben oft einen starken
Aktualitätsbezug. Berühmte Autoren signierten ein Sirventes: Mar-
cabru, Cercamon, Bernart Marti als Dichter der 2. Generation (vor
oder um die Mitte des 12. Jahrhunderts), Bertran de Born, Peire
Vidal, Peire Cardenal u.a. als Dichter der 3. und 4. Generation.
Auch die Tenzone muß am Rande erwähnt werden, weil sie mit den
Aspekten des Sängerstreites, wie er in der Sangspruchdichtung des
13. und 14. Jahrhunderts auftritt (›Wartburg-Krieg‹), Parallelen hat.

In mittellateinischer Sprache ist es vor allem die sog. moralisch-
satirische Dichtung mit ihrer undifferenzierten gattungsmäßigen
Binnengliederung (Invektive, Satire, Heische- und Preislyrik, Streit-
gedicht, Fabel- und Rätseldichtung). In den Literaturgeschichten
gilt sie oft als Teil der Vagantendichtung. Der Name ist mittelalter-
lich. So werden damals *clerici* bzw. *scolares vagantes* oder einfach *vagi*
(d.h. wandernde Lehrer oder Schüler hoher Schulen) genannt.
Wenn man auch heute weiß, daß unter den Dichtern der moralisch-
satirischen Dichtung etablierte Priester, Kanoniker, Bischöfe waren,
hat sich der Name aus praktischen Gründen gehalten. Trotz der
(zeitweiligen) Lebensform als Fahrende muß man sie von anderen
Fahrenden unterscheiden, weil sie dem geistlichen Stand zu-
gerechnet wurden und somit der kirchlichen Gerichtsamkeit unter-
standen, die sie auch in Schutz nahm. Die große Zeit der ›Vagantendichtung‹ liegt zwischen 1130 und 1230. Ihre Themen sind mit
denen der Sangspruchdichtung vergleichbar, wenn sie auch standes-
spezifisch abgewandelt werden. Die Armutsklage verbindet sich etwa
mit dem Vorwurf der Simonie; d.h. Ämter und Pfründe bekommt
nur der, der sie sich kaufen kann, und nicht der Tüchtige und Wür-
dige. Scharf sind die Satiren, die bei den Vaganten die klassische
mittelalterliche Ausprägung finden. Sie richten sich nie gegen die

Institutionen oder Sachen, sondern gegen Personen, welche die Institution mißbrauchen. Lediglich Walthers Angriffe auf den Papst kann man ihnen in ihrer Drastik und Schärfe zur Seite stellen. Die mittellateinischen Dichter tragen ihre Anliegen selten (sofern sie sich überhaupt rhythmischer Formen bedienen) in Einzelstrophen vor, sondern in z.T. großen Gesätzen (bis zu 30 Strophen), die nach Ausweis der Überlieferung aber variabel und unfest sein können.

Wiewohl Anonymität der mittellateinischen Liedüberlieferung weit mehr eigen ist als romanischer und deutscher, haben sich Namen berühmter Dichter erhalten. Ihnen konnte die Wissenschaft z.T. ein beeindruckendes Œuvre zuordnen: Hugo von Orleans, Walter von Chatillon, Petrus von Blois (in der Breite seines Repertoires durchaus mit Walther von der Vogelweide vergleichbar), Philipp der Kanzler und natürlich Archipoeta, der »Erzdichter«, dessen Zuordnung zu einer historischen Person bis heute nicht gelungen ist.

Diese kurze Übersicht zeigt, daß es thematische und formale Gemeinsamkeiten (und spezifische Unterschiede natürlich) in der mittelalterlichen Lyrik, die nicht der Liebe gewidmet ist, gibt und die Lebensformen ihrer Trägerschaft sich gleichen. Wie stark jedoch die moralisch-satirische Dichtung, aber auch *cobla*, *sirventes* u.ä. im einzelnen auf die deutsche Sangspruchdichtung eingewirkt haben, ist bisher nicht bekannt. Ebenso weiß man bisher wenig darüber, ob volkssprachliche Sangspruchlyrik in lateinisch sprechenden Klerikerkreisen rezipiert und verarbeitet wurde. Neben den ›Carmina Burana‹ und dem Marner dürfte die bisher kaum bekannte ›Augsburger Cantionessammlung‹ (13./14. Jahrhundert) hier weitere Erkenntnisse bringen (Hägele 2000).

Für den späten Sangspruch wäre auch ein Blick auf *sproken* und *sprekers* in der mndl. Literatur interessant. Der *sproken*-Typ ist zu Beginn des 15. Jahrhunderts besonders in Holland, aber auch im Niederrheingebiet verbreitet und steht oft, wie der Sangspruch, in einer Tradierungsgemeinschaft mit (Minne-)Liedern, etwa in der Haager Liederhandschrift s, in der sog. Niederrheinischen Liederhandschrift (Berlin, mgf 922). Auch diese mndl. Texte könnten in die Betrachtung einbezogen und auf genetische, poetologische und performative Gemeinsamkeiten und Unterschiede untersucht werden, und dies nicht nur an den offensichtlichen Schnittstellen bei den sog. Ehrenreden. Auf deutscher Seite gibt es bisher nur vereinzelte Untersuchungen, auf niederländischer dagegen ist das Material aufgearbeitet. Es sind auch erste Überlegungen zum Verhältnis von *sproke* und Sangspruch angestellt worden (Hogenelst 1997).

V. Themen und Darbietungsformen (Gattungen)

1. Themen und Darbietungsform allgemein

Die Themen der Sangspruchdichtung ergeben sich aus der Frage, die Walther in seinem Reichston 8,10 stellt: *wie man zer welte solte leben*. Wenn in der Frage selbst auch ein zeitloses christliches Problem angesprochen wird, macht doch die Situation, in die sie hineingesprochen wird, deutlich, daß sie durchaus einen zeit- und standesbedingten Hintergrund hat. Sie spricht ein adeliges Publikum und sein höfisches Umfeld an. Die Antworten und ihre Darbietungsformen sind darum sehr oft (zumindest im 12. und 13. Jahrhundert) schichtenspezifisch, besonders wenn sie Probleme einer Laienethik diskutieren, kommentieren oder propagandieren. Das Schichtenspezifische verliert im Sangspruch nur an Bedeutung, wenn wissenschaftliche und theologische Fragen aufgeworfen werden (wiewohl auch dort die Bildwelt aristokratisch geprägt sein kann).

Die Herleitung der einzelnen ethischen Elemente ist in der Auseinandersetzung um das sog. »höfische Tugendsystem« diskutiert worden (s. Eifler 1970). Die Diskussion muß hier nicht aufgenommen werden. Heute herrscht weitgehend Einigkeit darüber, daß die ethischen Vorstellungen nicht als System begriffen werden können. Ihre Herleitung muß darum auch nicht monistisch verfahren. Sie werden vielmehr auf stoische Wurzeln bei Cicero oder Seneca ebenso verweisen wie auf moraltheologische Quellen oder auf profane Bezugsebenen einer traditionellen Adelskultur. Das Gliederungsprinzip ist allerdings in seiner gradualistischen Ausrichtung auf das *summum bonum*, auf *gotes hulde* also, christlich.

Die Themen des Sangspruchs kennen an sich keine Beschränkung, sie korrespondieren aber mit der Auffassung des höfischen Publikums von der Welt und mit den Aufgaben und dem künstlerischen Bewußtsein des Sangspruchdichters. Diesem kommt es zu, »das Vorhandensein sicherer Wahrheit festzustellen, diese Wahrheit zu bestätigen und an sie zu erinnern« (Stackmann 1958, S. 77). Begriffe wie Individualität oder Originalität haben darum für diese Dichtung geringe oder keine Gültigkeit. Nicht die persönliche Meinung des Autors, sondern öffentliche Meinung, das allge-

mein Gültige wird konstatiert (Stackmann ebd. S. 71 spricht von
»konstatierende[r] Poesie«), das heißt konkret: christliche Glaubens-
lehre und allgemeine Weisheitslehre, Stände-, Herren- und Jugend-
lehre, allgemeine und spezielle Fragen einer Laienmoral, Ethik des
höfischen Lebens, Reflexionen über den Zustand der Welt (meist als
Klagen, in denen die miserable Gegenwart mit der Vergangenheit
verglichen wird), gelegentlich Kunstkritik und -reflexion (d.h. auch
Reflexion des eigenen künstlerischen Standpunkts), Naturbetrach-
tung, Kosmologisches, Eschatologisches, zumindest bei einigen
Dichtern, Politisches im engeren Sinne und immer wieder: Klagen
über das Los der Fahrenden. Mit diesem Repertoire taucht die
Sangspruchdichtung in die Gemeinschaft mittelalterlicher didakti-
scher Literatur ein, in der sie sich aber durch ihre spezifische Darbietung von Großformen wie etwa Freidanks ›Bescheidenheit‹ oder
dem ›Renner‹ Hugos von Trimberg abhebt und ihr eigenes Profil gewinnt.

Wenn man nach einem spezifischen Themenkomplex sucht, der
qualitativ, aber auch frequentativ für die ganze historische Reihe von
Herger bis Frauenlob den Sangspruch aus der didaktischen Dichtung heraushebt, dann ist es Herrenlehre in all ihren Variationen. In
solchen Strophen, an wen sie sich auch richten, an Papst, Kaiser,
Fürsten, aber auch an Herren kleinerer Adelshöfe, erörtern die Sangesmeister die wichtigsten gesellschaftlichen Voraussetzungen für
Herrschaft und dies oft in dem unmittelbaren Appell an die Herren,
die als Publikum (*in corpore aut in effigie*) anwesend sind. Die
mittelalterliche Auffassung von der personalen Verantwortung der
Herren für die politischen und gesellschaftlichen Zustände und die
soziale Rolle der Dichter gibt einer solchen Lehrsituation die
öffentliche Verbindlichkeit. Allen anderen Verpflichtungen überge-
ordnet ist in der Herrenlehre das Streben nach *gotes hulde* (hier öffnet sich thematisch das Tor zu religiösen, speziell zu mo-
raltheologischen Themen) und *êre*, d.h. Ansehen in der Welt. Die
Bereitschaft, diesen Zielen zu folgen, erweist sich in *diemuot, staete,
mâze* und *milte*. Daraus erwächst konkret die Treuepflicht gegenüber Herr und Untergebenen, die Fähigkeit, erteilten Rat richtig
einzuschätzen und gerecht zu handeln.

Daß Dichter, die vom Wohlwollen der Herren lebten, Herrenlehre nicht so ausgewogen darstellen und die Herrscher- und Her-
rentugenden nicht in Form einer philosophisch-moralischen Ab-
handlung darlegten wie etwa der wohlbestallte Domherr Thomasin von Zerkläre, versteht sich. Aus der Reihe des Thomasin, d.i.
staete, reht, mâze, milte favorisieren und preisen sie vor allem die

milte, meist in verdeckter Heische als objektive Voraussetzung von *lop* und *êre* – d.h. die *milte* ist für sie gewissermaßen ein Prüfstein, an dem der Herr beispielhaft seine Tugendhaftigkeit und auch seine Politikfähigkeit erweisen kann. Sie ist ja nicht nur ein soziales Regulativ, welches das Verhältnis Sänger – Gönner bestimmt, sondern regelt auch das politische und lehnsrechtliche Gefüge der Höfe.

Ansonsten ist eine Verteilung der Themen über die Zeit schwer festzulegen. Wenn die Überlieferung nicht täuscht, so steht am Anfang viel Gnomik, Moral und Lebensführung. Politisches gewinnt bei Walther, Bruder Wernher, Reinmar von Zweter (und dann noch einmal bei Frauenlob) an Gewicht. Gelehrsamkeit, aber auch Sozialkritik bestimmen stärker die Themen der späteren Sangspruchdichter (Meißner, Rumelant von Sachsen, Marner).

Der Begriff »politisch« bedarf noch eines kurzen Kommentars. Seit Friedrich Maurer Walthers Sangsprüche unter dem programmatischen Titel ›politische Lieder‹ (1954) herausgegeben hat und damit Sangspruch und politische Lieder gleichsetzte, hat der Begriff im Rahmen der Sangspruchforschung an Eindeutigkeit verloren. Man sollte ihn aber wieder als inhaltliche Kategorie mit Bezug auf identifizierbare politische Ereignisse verwenden. Gebraucht man ihn nämlich als Oberbegriff für die Fülle der Themen, die etwa Walther in seinen Sangsprüchen anreißt (so ist er ja bei Maurer zu verstehen), wird er nichtssagend, und man verfährt zudem noch anachronistisch. (So konnte ihn nämlich erst das 19. Jahrhundert benutzen. ›Religiöse Dichtung‹ träfe die mittelalterlichen Verhältnisse dann schon eher, da alles Wirken letztlich auf die Heilsgeschichte bezogen wurde).

Zu unterscheiden wäre von der inhaltlichen Kategorie dann (und gegebenenfalls zur Differenzierung anzusetzen) die intentionale, politisch (d.h. auch öffentlich) wirken zu wollen. Dies konnte mit politischem, aber auch mit anderen Inhalten geschehen. Terminologisch ließe es sich in dem Begriff ›Zeitkritik‹ fassen, wenn die Bezüge allgemein sind und die Kommentierung von Geschehnissen im Vordergrund steht. Wird dagegen der appellative Aspekt einer Strophe stärker bewertet und ist ein direkter Bezug auf ein konkretes Ereignis erkennbar, könnte man terminologisch auf die publizistische Kategorie ›Propaganda‹ zurückgreifen und von Propagandastrophen sprechen. Im Investiturstreit (d.h. in der Zeit, in welcher die Sangspruchüberlieferung beginnt) wird wohl zum ersten Mal im europäischen Mittelalter von beiden Parteien die ganze zur Verfügung stehende Propagandakapazität eingesetzt. Dieser Vorgang hat zweifellos die Sangspruchdichtung beeinflußt (besonders die aktuellen Strophen Walthers von der Vogelweide), aber sicher nicht in ihrem Wesen als Weisheitsliteratur entscheidend verändert. Die Entwicklung der Gattung zeigt, daß die Rolle des *lêrers aller guoten dinge* der des politischen Herolds überlegen war.

Abhandlungen der letzten Zeit greifen öfter auf die Festlegung Müllers (1972, S.I) zurück. Er versteht unter politischer Lyrik des deutschen Mittelalters »Dichtungen, die in Form von (sangbaren) ›Strophen‹, ›Liedern‹, ›Leichs‹ sowie (wohl nicht gesungenen) ›Reden‹ (meist Reimpaarreden) wertend und mit Tendenz (z.B. preisend, tadelnd, klagend, mahnend, auffordernd, ablehnend, parteilich-berichtend) aktuelle und bestimmte Ereignisse, Probleme, Orte und Personen der weltlichen und geistlichen Macht zum Thema haben«. Für eine gattungsmäßige Differenzierung des Sangspruchs, für den Maurer den Terminus vindiziert und eingeführt hatte, taugt sie allerdings wenig, da sie praktisch alle didaktischen Kleinformen in die Definition einbezieht.

Eine Gliederung der stofflichen Vielfalt ist nicht einfach. Roethes Ausgabe Reinmars von Zweter folgt der Hs. D, die wiederum auf eine authentische Sammlung Reinmars zurückgehen könnte. Eine Einteilung:

1. Religiöse Themen
2. Minnethemen
3. Herrenlehre
4. Aktuelle und politische Themen

hätte darum zeitgenössische Authentizität und Legitimation. Man kann aber auch andere Wege gehen. Einmal bietet sich die Art des Vortrags an, zum anderen sind es intentionale Kategorien, die ordnen können. Im Blick auf die erste Kategorie wäre zu unterscheiden:

1. subjektiv engagierte Strophen mit persönlicher, politisch-sozialer Problematik (Lob und Tadel für Gönner, Kollegen und anderes fahrendes Volk; Kritik an politischen, kirchlichen und sozialen Zuständen, Ständekritik; Lobpreis Gottes, der Dreifaltigkeit und oft Marias). Der Sangspruch Waltherischer Prägung und die Strophen, die auf die persönlichen Bedürfnisse abgestimmt sind, bilden die Hauptmasse dieser Gruppe.
2. objektiv gehaltene, lehrhaft gehaltene Strophen und Lieder mit gleicher Grundthematik, aber als Lebensweisheit, als politisches, theologisches und sonstiges Wissen dargestellt.

Der intentionale Aspekt orientiert sich an den Zielsetzungen der Autoren. Drei Intentionen sind zu beachten:

1. Die moralisch-didaktische Intention. Sie stellt zweifellos den größten Komplex dar: Lehrdichtung, auf eine adelige Oberschicht ausgerichtet, die Maßstäbe für eine vorbildliche Lebenshaltung und entsprechendes Wissen vermittelt.

2. Die persönlich-gesellschaftliche Intention, d.h. als Medium der Selbstdarstellung wollen die Sänger auch die Wertschätzung künstlerischer Tätigkeit erhöhen und ihren Beruf aufwerten.
3. Die persönlich-existentielle Intention. Hier will der Sänger durch den Einsatz seiner *meisterschaft* die Herren dazu bewegen, ihm für die erbrachte Leistung *lôn* zu gewähren.

Die Perspektive des Betroffenen (d.h. die durchgehende Minnesang-perspektive) ist außer in Heischestrophen selten, die Tendenz zur allgemeinen Belehrung vorherrschend. Da kollektive und persönliche Erfahrungen und Anliegen nicht immer zu trennen sind, wird es im konkreten Sangspruch öfter zu Überschneidungen kommen. Nicht die reine Form, sondern das »Mischgedicht« ist darum das übliche. Ebenso werden die Wirkungsabsichten selten rein auftreten, sondern in Kombinationen, so daß zur Primärintention zusätzliche oder nebengeordnete Deutungsebenen treten.

Die verschiedenen intentionalen Aspekte bzw. die verschiedenen Erörterungsarten gewinnen auf der pragmatischen Ebene einen nicht zu unterschätzenden Effekt als Darbietungsformen (Inszenierungsmuster), auf deren Vielfalt der Sänger angewiesen war, lebte er doch davon, daß seine literarische Ware interessant war. Im Zusammenwirken von Stoff, der Art der Darbietung, der Intention und der sprachlich-stilistischen Gestaltung und in Rekurrenz auf alte Gattungsmuster entwickelte der Sangspruchdichter gattungsähnliche Spielformen. H. Moser (1956) nennt in Anlehnung an mhd. Terminologien folgende Formen: gnomisch-didaktische Lyrik, Lob- und Tadeldichtung (Preisdichtung, Totenklage, Rügelyrik, Spottlyrik, zeitpolitische Dichtung), Gebetslyrik, Scherzlyrik, wesentlich subjektiv gestimmte Lyrik (Bittlyrik, persönliche Erfahrungslyrik).

Es stehen natürlich auch andere Klassifikationsmöglichkeiten bzw. Differenzierungsaspekte zur Verfügung (etwa entsprechend dem Gestaltungsmodus als Monolog, Dialog oder Erzähllied oder nach spezifischen Themen als Alterslied, Lügenlied u.a.). Da aber selten kategoriale Verschiedenheiten der gruppenbildenden Merkmale vorliegen, heben Versuche dieser Art meist nur einen Aspekt hervor und bekommen so nicht die komplizierten Interaktionen zeitgenössischer literarischer Bewußtseinsprozesse in den Griff. Hier liegt sicherlich auch der Grund für die z.T. entgegenstehenden Ansichten zu mhd. liedhaften Gattungen und ihrer Systemhaftigkeit (H. Moser 1956; H. Kuhn 1959; K. Ruh 1968; U. Müller 1979; H. Tervooren 1993 u.a.)

Nicht nur die Forschung zur mhd. Lyrik hat Schwierigkeiten bei der Klärung gattungsterminologischer und gattungssystematischer Fragen, auch die mittellateinische und romanische Philologie bemühen sich um das Problem. Die Romanisten können dabei mit interessanten Ergebnissen aufwarten. Das liegt u.a. daran, daß ihnen durch *razoz* (d.h. Kommentare zu einzelnen Liedern), durch frühe Poetiken und Grammatiken (13. und 14. Jahrhundert) weit mehr Quellenmaterial zur Verfügung steht als den Germanisten. Aber auch die Auffassung von Gattungen als Prozeß in einem System (›trobadoradeskes Gattungssystem‹), wie ihn die romanistische Mediävistik entwickelte, trug zu den Erfolgen bei.

Mosers Versuch öffnet allerdings trotz fehlender Systemhaltigkeit interessante Perspektiven, stellt er doch den Sangspruch als Großgattung mit vielen Untertypen dar.

Er bezieht sich auf mittelalterliche Gattungstermini. Zeitgenössische Autoren nennen ihre lyrischen Produkte *liet, sanc,* aber auch *rede* und später *getiht,* gleichgültig, ob sie Minnelyrik oder Sangspruchlyrik meinten (s. dazu unten S. 82f.). Schärfer umrissene Gattungsbezeichnungen *klageliet, trügeliet, lügeliet, twincliet, schimpfliet, lobeliet, rüeg-* oder *scheltlied, zügeliet, tanzliet* u.a. überliefert eine Spottstrophe Reinmars des Fiedlers (KLD I, 335) und eine lat. Predigt des 13. Jahrhunderts (ZfdA 34 [1890] S. 213-218 und 46 [1902] S. 93-101). Da sie aber nur hier belegt sind, möglicherweise also nur fakultative Gattungsbezeichnungen sind, kann man über ihren Gebrauch in Theorie und Praxis der mhd. Sänger wenig sagen.

Mosers Bezug auf mittelalterliche Gattungstermini ist also nicht unproblematisch, da das Mittelalter uns hier wie bei anderen Gattungskomplexen im Hinblick auf terminologische Definiertheit weitgehend im Stich läßt. Als Matrix für die Erstellung eines Systems von Sangspruchtypen sind solche Kataloge jedenfalls nur wenig brauchbar, und zwar aus mehreren Gründen. Man kann einzelne Sangsprüche – wie oben angedeutet – oft unter verschiedenen gattungsmäßigen Aspekten fassen (das *lobeliet* etwa ist in der Regel auch ein *twincliet*). Weiter sind die Untergruppen – wie Moser sie bringt – selten auf überstrophische Einheiten bezogen, die zumindest die Vortragsform der Sangspruchdichtung darstellen. Zum dritten sind diese Gruppen nicht, wie Mosers Aufzählung vorgibt, gleichwertig. Es stehen vielmehr Arten aus subliterarischen Traditionen (Scherz- und Spottlyrik) neben solchen aus gelehrt-lateinischen (etwa Preislyrik, Lehr- und Streitgespräche) oder aus volkstümlich-literarischen (Rätsel), uralte Gattungen (etwa die Fabel) neben neuen Gattungen des 13. Jahrhunderts (*bîspel*). Die Dissertationen, die im Anschluß an Mosers Vorstellungen erschienen sind (Teschner 1970, Nowak 1975, Ilgner 1975), haben zwar als Materialsammlungen ihren Wert, Mosers Gattungsvorstellungen konnten sie aber nicht erhärten. Wertvoll aber bleibt Mosers Hinweis auf die darstellerische Vielfalt des Sangspruchs, zu der neben den verschiedenen Rollen, Szenen, Berichten, Katalogen, Erzählungen, Haltungen eben auch gattungsgesteuerte Formen beitragen. Eine Systematik dieser Mittel dürfte aber an eben dieser Vielfalt und ihrem simultanen Gebrauch scheitern.

Die Sangesmeister benutzen für ihre Vortragsreihen (ob es Lieder sind, wird unten in Kap. VII diskutiert) also eine literarische Technik, die im Strophenverband so wirkt, wie etwa Beispiele (*exempla*) und Bilder (*imagines*) in der Einzelstrophe. Sie verwenden sie effektsteigernd sowohl im Sinne einer rhetorischen *utilitas*-Funktion (nützlich im Blick auf die Überzeugungsarbeit) als auch im Sinne einer *voluptas*- oder *ornatus*-Funktion (etwa als Pathosmittel). Für ihren Vortrag, der ja mehr ist als reine Wissensvermittlung, hat dies einen unübersehbaren Vorteil. Sie können je nach gewählter Art verschiedene Hörergruppen adäquat ansprechen: Gelehrte Hörer etwa durch Disputationsformen wie Streit- und Lehrgespräche, ein naives Publikum mit stärker an der Realität orientierten Formen, mit alltägliche Szenen oder vertrauten volksläufigen Gattungen wie Rätsel oder Priamel.

Literarhistorisch sind einzelne Gattungsformen in der Sangspruchüberlieferung von Interesse, weil in literarischen Nachrichten längst bezeugte Formen, die offenbar subliterarisch (u.a. als Stegreifdichtung) in mündlicher Überlieferung schon über lange Zeit gelebt haben, mit der Sangspruchdichtung in nennenswertem Maße an die literarische Oberfläche schriftbestimmter höfischer Dichtung gespült wurden. Neben der Fabel, deren Überlieferung mit Herger massiv einsetzt, und dem Rätsel (das allerdings im Sangspruch neue Funktionen bekommt) sind hier vor allem Priameln und Lügenmärchen zu nennen, die in der Sangspruchdichtung zuerst belegt sind.

2. Beispiele und Belege

Im folgenden sind einige Themen, Rollen, Inszenierungsmuster u.ä. aufgelistet, die das oben Gesagte erläutern und dokumentieren. Die Textnachweise sind – wie es bei der Menge des Materials nicht ausbleibt – willkürlich. Sie dürfen es auch sein, da mit den entsprechenden Stichwortregistern im RSM ein zuverlässiges »Findbuch« zur Verfügung steht.

Ein thematischer Kristallisationspunkt ist das Sprecher-Ich. Man wird es nicht mehr wie früher (besonders gerne bei Walther) an die historische Person binden, sondern in ihm ein fiktives Ich von universaler Referenz sehen, das zwar Lebensbezüge fingiert, aber vor allem paradigmatischen Charakter hat. Der Mensch, der da erscheint, ist ein Kind Gottes (Sonnenburg 66ff.), das sich in Bitt- und Lobgebeten den göttlichen Personen und Maria nähert (Belege s. Nowak 1975, S. 96ff.), das Fürbitten genau so zu formulieren versteht wie Ich- und Wir-Gebete (ebd. S. 101ff.). Es ist ein Mensch, der Weib und Kind hat (Reinmar von Zweter 104, Süßkind von Trimberg KLD 56, IV) oder unbehaust durch die Lande zieht (pass.). Daß bei solcher Lebensweise das Glück zum Thema wird, ist verständlich (Kanzler KLD 28, XVI, 7; Kelin HMS III, 21:1; Sigeher HMS II, 362: VI, 1; Johann von Ringgenberg SMS 13, XIII). Man muß schon ein Herr sein, wenn man sich dem Walten des Glücks enthoben fühlt (Wizlaw von Rügen HMS III, 80:9). Natürlich kommt er bei solchem Leben auch weit durch die Welt (Walther 31,13; Sonnenburg 55; Boppe HMS II, 383:25) und beobachtet das Verhalten der Menschen (Walther 8,4.24; Goldener HMS III, 52:3; Frauenlob VII, 15). Er ist Lehrer (pass.) und Gelehrter, der die Paradoxien des christlichen Glaubens (etwa das Geheimnis der Trinität Meißner XV,2 oder die Jungfrauengeburt Walther 15,10; 148,10) durchdenkt. Gelehrsamkeit trägt er wie eine Fahne vor sich her (pass.) – sie ist wie die Artistik in der Form eine inhaltliche Rückbindung an das Legitimationsproblem. Doch fehlt es nicht an Warnungen vor der Hybris: *tumbe leien* werden den Schlüssel zu Gottes Wunderwelt nicht finden (Henneberger HMS III, 40:7). Lebenserfahrung vermag er jedoch einzubringen (Herger MF II, 1 u. 5; Spervogel MF, AC 10, 12 u.ö.; Marner VI, 1-3; Goldener HMS III, 51: 1). Das qualifiziert ihn zur Unterweisung der Jugend (Walther 87,1; Guter HMS III, 42:6; Reinmar von Zweter 57f.). Papst und Kaiser sind seine Gesprächspartner (Walther 11,6, 11,30; Reinmar von Zweter 128; Marner XII,2; von Wengen SMS 23,I). Er ist Bote Gottes (Walther 12,6), ja er entscheidet zwischen Gott und Herrscher (Schulmeister von Esslingen KLD 10, III,1) und gibt sein Urteil über den neuen Herrscher ab (Sonnenburg 30). Immer wieder spricht er die Herren an und mahnt sie, sich ihrer Abstammung würdig zu erweisen (›Tugendadel‹, eine Vorstellung, die seit den Anfängen den Sangspruch begleitet, s. etwa Spervogel 24,33). Die Ratgeber der Herren sind ihm ein Dorn im Auge (Bruder Wernher, Schönbach 71; Kelin HMS III,22: III, 1-2; Zilies von Sayn HMS III, 25: I,2). Er muß lügen *durch des libes not* (Rumelant HMS III,54:4). Natürlich ist er auch ein Kind seiner Zeit und sänge gerne von Minne, jedoch die Umstände lassen es nicht zu (Sonnenburg 73; Marner XV,14. Wirklich Minnesängerisches aus der Ich-Perspektive findet

man nur bei Reinmar von Brennenberg im 2.Ton). Aber zumindest
als Kenner der Minne, als Lehrmeister für Mann und Frau und ihres
Verhältnisses kann er sich profilieren (vgl. etwa den Frauenpreis bei
Stolle HMS III, 10:38; Konrad v. Würzburg 32,91-120; Meißner II,
8; XVII, 1; Boppe HMS II,377: I,2; s. auch die Ehesprüche Reinmars von Zweter 101-105 oder die ständige Diskussion über *manlî-
chiu wîp, wîpliche man* Walther 80,20; Gervelin HMS III,37:8;
Meißner II,9; VI,6; Bruder Wernher, Schönbach 18,68, gelegentlich
in Verbindung mit dem Frauensklaven-Topos, Reinmar von Zweter
103). Sie hadern bisweilen auch mit Gott, daß ihnen kein angeneh-
meres Leben beschieden sei (Stolle HMS III,9:28) und malen sich
aus, wie die Welt besser zu gestalten wäre (Reinmar von Zweter
62,163), aber sie bescheiden sich dann doch wieder, denn *man schil-
tet got noch siniu wunderwerc dar umbe niht* (Sonnenburg 7f.). Das
Aufbegehren gegen die Ordnung ist nicht ihre Sache, sie sind sich
ihrer *ordo*-Bestimmung stets bewußt. Sie ist ihr Kompaß durch die
Wirren der Zeit. Sie sind konservativ und orientieren sich an dem
Dreiständemodell, wie es die mittelalterliche Soziallehre immer wieder formuliert.

> *Nu pfaffe, werder phaffe,*
> *laz ander orden under wegen.*
> *du stolzer ritter, schaffe,*
> *daz ritterschaft dir lache,*
> *nicht nim an dich ein ander leben.*
> *du buman solt nicht hoher streben,*
> *daz lere ich dich, durch fremdes prises sache*

(Frauenlob VII, 22, 13-19)

Man sieht, es sind auf Reputation bedachte Menschen, die mit den
Bösen nichts zu schaffen haben wollen und sich zu den Guten halten (Stolle HMS III,8:25; der wilde Alexander KLD 1,II,2; Rumelant HMS III,59:26; Meißner II,11; Frauenlob V,47). Sie sind in
der Regel zurückhaltend, nur in ihrem Zorn auf Konkurrenten können sie unflätig schimpfen (Kelin HMS III,21:8; Frauenlob V,118
G). Natürlich reizt auch der Geiz zu Ausfällen und ironischen Angriffen (Unverzagte HMS III,44: 2; 45: 1).

Selten nur schlägt Drastisches oder Burleskes durch, etwa wenn
Stolle (HMS III,7:20) einen reichen Geizhals *dem tiufel in den ars*
wünscht oder das *malmariee*-Thema aufgreift. Bisweilen erlauben sie
sich kleine erotische Scherze (Reinmar von Zweter 46,104, Sonnenburg 62). Exzessives Betteln hat man ihnen gelegentlich vor-

geworfen und hier Charakterfehler zu entdecken geglaubt. Aber den
Eigennutz als das wahre Motiv dieser Dichtung zu verstehen, heißt
sie zu verkennen: Der Sänger stellt sich und seine Kunstfertigkeit in
den Dienst der Herren und darf dafür Entlohnung als Gegenlei-
stung verlangen. Das ist ein durchaus honoriges Verhalten. Die Rolle des Bruders Leichtfuß, der das Gewonnene leicht verspielt (klas-
sisch gestaltet in der Vagantenbeichte des Archipoeta), ist darum
auch selten in der Sangspruchdichtung (Tannhäuser XIV, Hermann
Damen HMS III,167:V,3). Überhaupt halten sie sich zurück mit
Spielmannsattitüden (s. oben Kap. III.3) oder transponieren sie
doch auf die gelehrte Ebene der Kuriositäten, die sie besonders aus
dem Tierreich (und dort z.T. aus der ›Physiologus‹-Tradition) nehmen. Hier kann der Sänger mit Wissen prahlen, aber gleichzeitig
auch als Lehrer brillieren, denn das Tier trägt eine Eigenschaft, die
es zu erklären und zu verstehen gilt. Ganze Menagerien bevölkern
die Strophen Boppes (*taphart, pardus, antilopus, basiliscus, pelicanus,
vledermus*) oder des Meißners (Aspis, Bär, Chamäleon, Panther, Sa-
lamander, Strauß, Schlange, Schwalbe, Spinne, Phönix, Kaladrius
u.a.). Manieristisch-verspielt konstruiert Reinmar von Zweter aus
ihren Vorzügen einen Idealmenschen (99-100). Die Parodie wird
vor allem domänenspezifisch in den Sängerfehden eingesetzt. Dort
finden auch adaptierte Formen wie das *geteilte spil* (Partimen) An-
wendung (vgl. etwa den *wîp-frouwe*-Streit in Frauenlobs ›Langem
Ton‹).
   Aber ganz verzichten auch die Sangspruchmeister nicht auf
»spielmännische« Formen. Sie stellen sie in ihre Vorträge als dem
Publikum vertraute Einkleidungen für abstrakte Wahrheiten ein. Es
sind epische Kleinformen wie Fabel und *bîspel*, aber auch aus mündlicher Tradition stammende Improvisationsformen wie Rätsel und
Priamel. Sie wählen sie, weil sie sich ihrer Wirkung auf das Publikum sicher sein durften (gehören sie doch schon immer zu dem,
was am *hove und zer strâze* vorgetragen wurde). Diese Formen ka-
men außerdem ihrer spruchmeisterlichen Mentalität entgegen und
waren (wenn sie nicht schon in Kunsttraditionen standen) offen,
meisterliche Inhalte und Intentionen aufzunehmen.
   Bei Fabel und *bîspel* ist es die duale Darstellungsform von Erzählung und Deutung, die dem spruchmeisterlichen Selbstverständnis,
praeceptor zu sein, entgegenkommt und zudem dem Meister gestattet, Gelehrsamkeit, exotisches Wissen und neue Deutungsmuster
(allegorische Exegesen, geistliche Paränesen u.ä.) vorzustellen. Dies
gestattet die Fabel in einer besonderen Weise, weil sie in ihren volks-
sprachlichen Anfängen zwischen äsopischen und ›Physiologus‹-

Traditionen steht. Zunächst ist es die äsopische Fabel, wenn auch in reduzierter Form. Herger führt in seiner 3. Pentade (MF III) die Fabel zwar episch aus, doch formuliert er keine Moral, so daß der Aussagesinn (wenn er nicht situationsgesteuert war) zumindest für den modernen Rezipienten nur schwer faßbar ist. Spervogel (MF 23,21) beläßt es bei Fabelanspielungen, setzt also beim Publikum voraus, daß es diese versteht, ein Verfahren, das etwa der Guter (HMS III, 42:6) wieder aufnimmt. Daneben hat die spätere Sangspruchdichtung auch voll ausgebaute Fabeln mit moralischer oder politischer Nutzanwendung (s. etwa Stolle ›Der Esel in der Löwenhaut HMS III,8: 26f.; der Kanzler ›Fuchs und Rabe‹ KLD 28,I,5; der Marner ›Die aufgeblähte Kröte‹, XIV,14 oder ›Die Frösche und ihre Könige XIV,6; Bruder Wernher, ›Affe und Schildkröte‹, Schönbach 63). Das erzählerisch-fiktionale Element der äsopischen Fabel wurde bei den Tiererzählungen in der ›Physiologus‹-Tradition durch eine gelehrt-allegorisierende Sinnstruktur ersetzt. Das bedeutete neben einer Theologisierung von Fabelelementen, daß sie notwendig einer Ausdeutung bedurften. Die kann in Anlehnung an den ›Physiologus‹ geistlich sein, so etwa wenn der Meißner (XII,3) den Kampf des Pelikans mit der Schlange als Christi Kampf mit dem Teufel deutet oder Rumelant (HMS II, 368: II, 2-3) die Geschichte vom Einhorn heilsgeschichtlich auslegt. Die Deutung kann aber auch auf weltliche Vorgänge oder Eigenschaften übertragen werden: Löwe, Panther, Strauß sind bei Stolle (HMS III, 5:12) oder beim Meißner (XVII, 11) Bilder für Fürstentugenden. Die Wiedergeburt des Phönix aus der Asche wird beim Kanzler (KLD 28, XVI,2) mit dem Verhalten des Adeligen in Verbindung gesetzt.

Solche Auslegungspraxis führt dann auch zum *bîspel*, das den ›Prozeß des *gelîchens*‹, aber auch die signifikante Denkweise intensiviert. Seine Bilder kann es allen Lebensbereichen entnehmen, etwa Naturvorgängen wie Unkraut im Garten (Walther 103,13), technischen Bereichen wie Hausbau (Bruder Wernher, Schönbach 7). Es kann aber auch Literarisches oder Biblisches aufgreifen, etwa die antike Sage vom Gorgonenhaupt (Marner XIV, 13) oder Nebukadnezars Traum bzw. den Traum von den vier Weltreichen (Rumelant HMS II,369: IV,3; Marner XV, 11). *bîspel* lassen sich moralisch, geistlich und politisch auslegen. Entsprechend der Gattungsvorgabe sind die Auslegungen breit gehalten. Wie wichtig die Deutung den Sangspruchdichtern ist, zeigt sich darin, daß sie ihr oft eine ganze Strophe zuweisen. (Hier liegt ein Ansatz zur Mehrstrophigkeit.)

Auch das Rätsel, eine alte Gattung volkstümlicher Poesie, liegt den Sangspruchdichtern (s. oben Kap. III.3). Sie nehmen es auf, aber sie wandeln es auch nach ihren Bedürfnissen. Es ist in der Regel nicht wie in volkstümlicher Tradition durch die knappen, auf Konkretes zielenden Wissensfragen charakterisiert (etwa Singauf HMS III,49:3), die beantwortet werden, sondern es wächst sich zu einem allegorisch verschlüsselten Fragenkomplex aus (etwa Regenbogen HMS III,347f:7-10). Freilich kann es auch scherzhaft verwendet werden wie in dem verrätselten Lob Hermann Damens auf einen Johann von Gristow (HMS III, 164:10), wo der Name des Gelobten in einem Bild verschlüsselt auftaucht: *sam daz griez von touwe, durch gozzen bluemet den plan.* Das früheste Rätsel ist für Wernher von Teufen (1.Drittel des 13. Jahrhunderts) bezeugt. Es gewinnt literarisches Ansehen und Profil durch die Wolfram-Rezeption (›Wartburgkrieg‹) und durch den Einsatz in literarischen Fehden.

Aus mündlicher Tradition mag das P r i a m e l den Sangspruchdichtern zugewachsen sein. Es ist seit Spervogel (MF, AC-Überlieferung 5-7) in mehr oder minder reiner Form im Sangspruch vertreten. Gern verbindet der Anfangsreim bzw. die anaphorische Frageform die einzelnen epigrammartigen Aussagen. Der Gast (HMS II,260) streckt es über zwei Strophen, der Unverzagte (HMS III,45:1) und Stolle (HMS III,5:11) nutzen es zum politischen Spott auf Rudolf von Habsburg, Frauenlob (V,34), um auf die Ordnung der Schöpfung zu verweisen.

Nicht immer ist das Priamel von anderen Konklusions- und Kumulationsschemata zu trennen, etwa beim Streit zwischen Fuchs und Dachs des wilden Alexanders (KLD 1,II,14-15) oder bei Boppe, der solche Formen mit und ohne Pointe liebt. Darum ist der Übergang zu den stilistisch ähnlichen Lügengeschichten oft fließend. Hier mag man dann die von den Sangspruchdichtern meist gemiedene Spielmannsrolle wiederfinden. Dem Spielmann warf man zwar Lügenhaftigkeit vor, wußte aber, daß phantasievolle und originelle Lügen dem Publikum sehr wohl gefielen. Dennoch wundert es, daß sich die ersten Belege in der Sangspruchüberlieferung bei dem etwas steifen Reinmar von Zweter (159,160, s. auch Marner XIV, 12) finden. Andererseits ist die didaktische Potenz, die der Umkehrung innewohnt, nicht zu unterschätzen: Die Reihung von unmöglichen Dingen (Adynata) wird von jeher benutzt, um paradoxe Existenzen oder eine verkehrte Welt bildlich zu fassen. In der deutschsprachigen Lyrik benutzt zuerst Bernger von Horheim (MF II) Ende des 12. Jahrhunderts die Lügenformel, um die paradoxe Situation des Minnesängers deutlich zu machen (vgl. auch die Reinmar-Überlieferung MF LXIII).

VI. Form

»Der Spruch ist gesungene Poesie: wie Lied und Leich.« Diese Feststellung W. Scherers (1870, S. 40) weist unmißverständlich darauf hin, daß der Sangspruch derselben Formkunst verpflichtet ist wie der Minnesang. Es ist eine Kunst von außerordentlicher Mannigfaltigkeit, die an Dichter, Sänger und Hörer höchste Anforderungen stellte. Verslehren behandeln darum diese beiden Ausprägungen mhd. Lyrik meist zusammen. Auch im folgenden wird das Minnelied immer wieder als Folie für den Sangspruch herangezogen werden. Man spricht hier wie dort von *wort*, wenn man den Text eines Gedichtes meint, von *wîse*, wenn man die Melodie bezeichnen will, metrischer Bau und Melodie zusammen bilden den *dôn*, der eine oder mehrere Strophen (*liet*) umfassen kann. *wort* und *wîse* haben in der Regel denselben Schöpfer, d.h. der Dichter ist zugleich der Komponist – und zumindest in der Erstaufführung auch der Sänger.

Minnelied und Sangspruch standen sich zunächst formal recht nahe. An beider Anfang steht (wie übrigens auch in der Epik) der viertaktige Kurzvers (s. etwa Dietmar MF Ton IV und im Vergleich dazu Hergers Ton) und die Langzeile (Kürenberg, Dietmar MF Ton I, Spervogel), die durch Paarreime verbunden werden. So entstehen einteilig gebaute Strophen, die den Strophenschluß durch die Längung des letzten Verses betonen (etwa Herger: 4 a a b- b- c- x 6 c- ; s. auch Kürenbergs zweiter Ton, der den letzten Abvers durch eine volle statt einer stumpfen Kadenz markiert). Die Strophen sind inhaltlich geschlossen und entziehen sich noch weitgehend einer engeren Gruppenbildung.

Die Ausgliederung des Minneliedes aus diesem frühen Verbund bewirkt das übermächtige romanische Vorbild. Es bringt als wesentliche Neuerung die metrisch-musikalische Dreiteiligkeit (Kanzonenform), das *novitas*-Prinzip (d.h. jedes neue Lied erhält einen neuen Ton) und die Mehrstrophigkeit. All dies geht einher mit einer Differenzierung der Reimformen (Kreuzreim abab, umschließender Reim abba, Schweifreim aab ccb), mit der Kombination verschieden langer Verse (Zwei- bis Achtheber) und mit der Verfestigung des Strophen- und Liedgefüges durch Responsionen aller Art.

Wenn die Überlieferung nicht täuscht, verharrt der Sangspruch zunächst auf der frühen Stufe (relative Selbständigkeit der Einzelstrophe, e i n Ton für die Gesamtproduktion des Autors, unstolliger Strophenbau). Nehmen sich allerdings Minnesänger seiner an, hat auch er Anteil an den neuen Formelementen. Heinrichs von Rugge 5. Ton (MF V) und Berngers von Horheim 2. Ton (MF II) haben zwar einen spruchgemäßen Inhalt und bestehen aus gleichversigen Vierhebern, aber sie haben auch die Kanzonenform und Mehrstrophigkeit. Doch scheinen es Experimente zu sein. Rugge ahmt die romanischen *coblas unissonans* nach, Berngers Ton ist daktylisch und deutet einen Refrain an. Ein solches Experiment wiederholt etwa Konrad von Würzburg im 13. Jahrhundert, wenn er sich in Ton 19 den Sommerliedern und in Ton 23 den Winterliedern Neidharts annähert und damit die Grenzen zwischen Minnesang und Sangspruch verwischt.

Eine neue Stufe in der formalen Entwicklung des Sangspruchs ist mit Walthers Namen verbunden. Inhaltlich erweitert er den Sangspruch, indem er aktuelle Themen einführt, formal dadurch, daß er in Anlehnung an die von der Hausen-Schule die aus der Romania eingeführte Mehrtonigkeit und den stolligen Strophenbau des Minnesangs auch auf den Sangspruch ausdehnt. Diese Rückkoppelung erhöht den Rang des Sangspruchs und trägt zweifellos auch zum Legitimationsproblem der fahrenden Meister bei. Während sich aber die Kanzonenform durchsetzt und formbildend selbst für den Meistersang und den frühen evangelischen Choral bleibt, gilt dies für die Mehrtonigkeit nicht im gleichen Maße. Man weist in diesem Zusammenhang immer auf einige kleinere Dichter, die bei der Eintonigkeit bleiben (Stolle, Singauf, Höllefeuer), und vor allem auf Reinmar von Zweter und seine über 250 Strophen im Ehrenton, in dem er vor allem schrieb, und sieht darin die regelbestätigende Ausnahme. (Könnte es nicht auch eine gewollte Gegenposition zu dem neuen Typ des Minnesänger-Sangspruchdichters sein, wie ihn Walther repräsentiert?) Man sollte aber als Beleg für diesen Sachverhalt auch die strophenreichen Töne von Sangspruchdichtern heranziehen, die zwar die Mehrtonigkeit pflegen, aber doch einen Ton offenbar favorisieren (etwa Frauenlobs ›Langer Ton‹ mit über 120 Strophen, Sonnenburgs IV. Ton mit mehr als 40 Strophen, Rumelants IV. Ton mit 28 Strophen).

Walthers Innovationen in der Form haben verschiedene Wertungen erfahren. Fr. Maurer (1954) sah in seinem Vorgehen eine formale Verschmelzung von Lied und Spruch, K. Ruh (1968) u.a. sehen zwar eine Annäherung von Minnesang und Sangspruch, aber werten die so ausgeformte Spruchdichtung als eine »lyrische Kunstform *sui generis*«, die Walther bewußt profiliere und konserviere. Hier scheiden sich offenbar die Geister: Die Autonomie der Strophe sowie die Bindungsfähigkeit der Melodie und der Vortragssituation werden verschieden beurteilt (dazu unten).

Wie sich die Frage auch lösen läßt, es bleibt festzuhalten: Formal hat sich der Sangspruch nach Walther ohne Zweifel geändert. Die unstolligen Formen, wie sie Herger benutzte, sind nicht mehr gattungsgemäß. Die Jenaer Liederhandschrift mit etwa 80 Tönen überliefert nur noch zwei unstollig gebaute Strophen: den Spervogel-Ton und den V. Ton des wilden Alexanders, das eigentümliche ›Kindheitslied‹ (KLD 1,V). In der Liebeslyrik werden sie dagegen wieder aufgenommen (u.a. in Neidharts Sommerliedern) und stehen neben Kurzversreihen, einfachen gleichversigen Kanzonenstrukturen den Minnedichtern als formale Einkleidung für »unhöfische« Texte, für Tanz- und Gesprächslieder zur Verfügung, u.a. dem spätstaufischen Dichterkreis um Neifen und Winterstetten. Aber es sind bezeichnenderweise adelige Dilettanten, die sich diese Rückgriffe erlauben, und eben nicht die kunstbewußten *meister*. Sie stehen seit Walther in der Tradition der höfischen Strophik, d.h. sie dichten in stolligen Formen, erfinden ihre Melodien selbst und huldigen dem *novitas*-Prinzip. In den vielen »Tonweihen« der Sangspruchdichter scheint das auf (vgl. etwa Sigeher HMS II, 363:1; Rumelant HMS III,63: VII,1; ebd. 65: VIII,11; ebd. 67: VIII,1; Sonnenburg HMS III,78: IV; Damen HMS III, 164: IV,1; ebd. 167: V,1; auch bei Dichtern, von denen nur ein Ton überliefert ist, s. Höllefeuer HMS III,33:1). Ambitionierte Sangspruchdichter scheinen sich den höfischen Traditionslinien offensichtlich stärker verpflichtet zu fühlen als ihre adeligen Kollegen. Aus dem Stolz, in dieser Tradition zu stehen, selbst Töne zu erfinden und nur eigene zu benutzen, mag dann auch etwas Licht auf den bisher nicht befriedigend geklärten Vorwurf des Marners an Reinmar fallen. Er schimpft ihn einen *dænediep* (XI,3). Ein solcher Vorwurf läuft im Rahmen des Minnesangs, der sich ja als Variationskunst, als *poesie formélle* versteht, leicht ins Leere (Ulrich von Lichtenstein bestätigt das, wenn er sein Bozen-Lied [KLD 58,VII] einer ihm überlassenen provenzalischen Melodie unterlegte). Eine Gruppe jedoch, die sich eine Form erobert hat und auf diese neue Form ihr künstlerisches und soziales Selbstverständnis aufbaut, muß ein solcher Vorwurf ins Mark treffen, auch wenn er – wie im vorliegenden Fall – nicht zutrifft. (Eine Übersetzung von *dænediep* als ›Lied-, Kunstverderber‹, wie sie J. Haustein vor kurzem vorschlug, löst allerdings das Problem auf andere Weise.)

Mehrfach benutzte Töne sind wohl auch deswegen in der Sangspruchdichtung des 13. Jahrhunderts im Vergleich zum Minnesang sehr selten. Die folgenden Zahlen können den Gedanken indirekt

bestätigen. Brunner (1975, S. 174-185) listet sämtliche Sangspruchtöne der vormeisterlichen Lyriksammlungen auf (das sind die Hss.
A, B, C, D, E, J, W und die bis dahin bekannten Fragmente) und
kommt auf knapp 230 Töne. Von denen sind nur 12 mehrfach verwendet. Für die Hs. J, das eigentliche Sammelbecken der ambitio-
nierten Berufsmeister mit ca. 80 Tönen, weist Touber in seinem *Repertorium* zwar 12 Töne aus, die auch andere Autoren benutzt haben. Aber diese Zahl täuscht, weil die Liedstrophik Wizlaws mit
einbezogen ist, Zuweisungsfragen nicht berücksichtigt sind und Al-
lerweltstöne, d.h. gleichversige Vierheberkanzonen, die viele Parallelen haben, mitgerechnet sind.

Wenn im folgenden nun über Vers und Strophe gehandelt wird,
muß man immer die Einheit von *wort* und *wîse* vor Augen haben,
auch wenn sie weitgehend unabhängig voneinander betrachtet werden. *wort* und *wîse* sind Bestandteile eines Ganzen und nur in der
Zusammenschau sind Vers und Strophe hinreichend zu beschreiben.
Auf dieser Ebene geht der Sangspruch dem Minnesang voran, weil
hier die Melodieüberlieferung dichter und authentischer ist.

1.   Der Vers

1.1   Verstypen

Zu Beginn der Gattung stehen – wie beim Liebeslied – zwei Typen:

1. Der vierhebige Vers mit verschiedenen Kadenzen
2. Die Langzeile (4v/4kl; 4v/4s; 4kl/4s)
   (v = voll, d.h. ein- oder zweisilbig volle Kadenz; kl = klingend,
   d.h. ein- oder zweisilbig klingende Kadenz; s = stumpfe Kadenz)

Die Langzeile wird aber nicht wie im frühen Liebeslied (Kürenberg,
Dietmar u.a.) zum alleinigen Baustein früher Strophik, sondern
wird nur in Kombination mit anderen Verstypen benutzt, so schon
bei dem frühesten faßbaren Vertreter des nicht-erotischen Liedes,
bei Herger in der Variation seines Hauptones MF 30,33 (4 a- b- c-
c- 4x 3e- 4x 3e-). Auch im späteren Sangspruch bis Frauenlob bleibt
der Vers präsent, so z.B. im Abgesang bei Spervogel oder bei
Leuthold von Seven VII, als Abschluß von Stollen und Abgang in
Frauenlobs ›Langem Ton‹, aber auch als Stollenvers bei Süßkind von
Trimberg V, Meißner VII und XIV, Leuthold von Seven VIII.

Der vierhebige Vers herrscht in der Frühzeit, so bei den Anonymi, bei Herger, im unstolligen ›Reichston‹ Walthers oder in seinem
1. Atzeton (sofern man in ihm nicht binnengereimte Langzeilen ansetzen will). Er ist auch in der Sangspruchdichtung der Grundvers,
begegnet bei allen Autoren und dominiert oft (s. Pickerodt-Uthleb
1975, S. 99). Noch gegen Ende des 13. Jahrhunderts kann er einen
ganzen Ton tragen (Unverzagte II, Damen II, Frauenlobs ›Kurzer Ton‹).
Selten sind kürzere Verse, Dreiheber, vor allem aber Zweiheber,
sofern sie nicht Teile von Langzeilen sind. Pickerodt-Uthleb (S. 98)
will für die Hs. J nur einen autonomen Zweiheber gelten lassen
(Frauenlob, ›Flugton‹). Selbst einen Ton wie den IV. des wilden
Alexanders, der zumindest metrisch aus Zwei- und Vierhebern besteht, findet man nicht häufig. Seit Walther begegnen dagegen zu-
nehmend längere Verse: 5-, 6-, 7-, 8-, ja 9- bzw. 10-Heber (der
Schlußvers des Meister-Ernst-Tones Reinmars von Zweter). Bei den
langen Versen stellt sich natürlich die Frage, ob man sie nicht unter-
gliedern sollte. Aber ohne Reimverweise oder feste Zäsuren ist eine
Entscheidung schwer. Bei ungegliederten Versen möchte man fragen, ob sie etwas anderes sind als »mehr oder minder regelmäßig
rhythmisierte Textstücke mit Reimabschluß. Die wandernde Zäsur,
die Unterteilung des Verses also nach Sinneinheiten ohne Rücksicht
auf die Versstruktur, bezeugt den Prosacharakter« (Pickerodt-Uthleb
1975, S. 118). Wie man sich auch hier entscheidet, die längeren
Zeilen ohne starke Differenzen in der Hebigkeit sind ein formales
Kennzeichen des Sangspruches seit Walthers ›Unmuts‹- oder ›Kaiser-
Friedrichs-Ton‹. Strophen aus Sechshebern (Rumelants 2. Ton in J),
Siebenhebern (Kanzlers 3. Ton in C oder Meister Rüdiger), gleich-
versig oder mit einzelnen kürzeren Versen durchsetzt (Geltars 2.
Ton), durch einen Achtheber abgeschlossen (Zilies von Sayn), sind
Beispiele für Töne mit umfangreichen, oft nicht zerlegten Versen.

1.2 Versbau

Der glatte alternierende Vers /xx/ ist das Ideal des 13. Jahrhunderts.
Erreicht worden ist er aber nur annähernd von einigen Autoren (Konrad von Würzburg) – und später dann im Meistersang, als die wägen-
de Bestimmung des Verses der zählenden wich. Die Hs. J ist hier ein
aufschlußreiches Beobachtungsfeld, weil sie den Vergleich von Strophen mit unterlegten Melodien und reinen Textstrophen ermöglicht.
Absolute Entscheidungen sind dennoch selten möglich, weil zumin-

dest bei einigen Autoren der Hs. J sich der Übergang vom wägenden zum nichtwägenden (d.h. silbenzählenden) Prinzip ankündigt.

Neben dem vorherrschenden Zweisilbentakt, der in der Melodie durch zwei Noten, durch eine Note und Melisma oder zwei Melismen notiert wird, treten – zumindest textmetrisch – oft drei-, seltener viersilbige Takte auf. Ob sie textmetrisch durch Elision, Krasis, Apokope oder Synkope, Enklise oder Proklise auf zwei Silben gestutzt werden sollen oder in der Melodie durch Notenspaltung aufgefangen werden können, ist eine offene Frage, die wohl nicht generell, sondern nur von Fall zu Fall entschieden werden kann. Das Material der Hs. J bietet für die textmetrische Verkürzung wie für ausnotierte Hebungs- und Senkungsspaltung genügend Beispiele. Hier wird, so darf man vermuten, die reale Sangespraxis eine Rolle gespielt haben (s. dazu auch Kap. X, 3).

1.3   Die Kadenz

Neben der Hebungszahl gehört die Kadenz, d.h. die Gestaltung des Versschlusses, zur wichtigsten Angabe im mhd. Vers und in der mhd. Strophik. Wie der Minnesang kennt die Sangspruchdichtung alle Kadenzen mit sprachlich verwirklichten Hebungen:

1. die männliche Kadenz mit ihrer Variation durch die Spaltung der Hebung, *sach* / x∧ / bzw. *sehen* / ∪∪∧ /. Es ist die Hauptkadenz im Sangspruch und macht nach Pickerodt-Uthleb (S. 41) knapp 60% aller Kadenzen aus.
2. die weibliche Kadenz, *frouwe* / xx /. Diese Kadenz ist selten.
3. die klingende Kadenz mit ihrer Variation durch die Spaltung der Hebung, *frouwe* / – /x∧ / bzw. *milewe* / xx / x∧ / (Die Variation ist allerdings ungewöhnlich.)

Stumpfe Kadenzen (d.h. Kadenzen mit sprachlich nicht verwirklichten Silben / x∧ / ∧∧ / u.a.) setzen besonders ältere metrische Theorien an, aber das sind möglicherweise nur Theorien im Rahmen einer auf Gradtaktigkeit angelegten metrischen Auffassung. Auch die Entscheidung für weibliche oder klingende Kadenz wird oft auf Grund dieser Theorie getroffen. Die klingende Kadenz ist aber keine Erfindung der Metriker. Das ergibt sich daraus, daß dieselbe Melodie für einen einsilbigen und für einen zweisilbigen Versausgang steht, etwa für *dîn gebot* xx/x∧ und *minne* –/x∧ (s. dazu Pickerodt-Uthleb 1975, S. 39). Die Kadenzbestimmung bei manchen späteren, vor allem nd. Sangspruchdichtern ist auch bei der zweisilbig

männlichen Kadenz nicht unproblematisch, weil die offenen Kürzen
(wie schon früher bei dem maasländischen Veldeke) in den nördli-
chen deutschen Sprachgebieten gelängt werden und somit die Unterscheidung zwischen zweisilbig männlicher Kadenz und weiblicher
Kadenz wie im Nhd. aufgehoben wird. Für beide Messungen hat
die Hs. J Beispiele, die von der Melodie bestätigt werden (etwa beim
Meißner). Kadenzwechsel ist nicht häufig, aber in allen Strophentei-
len möglich.

1.4   Der Auftakt

Der Auftakt, d.h. das Sprachmaterial vor der ersten Hebung, ist im
Sangspruch noch nicht absolut geregelt. Jedoch beginnen die weit-
aus meisten Verse mit Auftakt, der dann im Meistersang (etwa in
der Kolmarer Hs. k) unbeschränkt herrscht. Für zwei- oder mehrsil-
bige Auftakte, die eine textmetrische Lesung in der Überlieferung
durchaus entdecken kann, gilt das oben zu mehrsilbigen Innentak-
ten Gesagte. »Initiale Dreisilbentakte«, wie sie das evangelische Kir-
chenlied kennt und wie sie eine textmetrische Lesung auch gelegentlich im Sangspruch ansetzen könnte, um einer Tonbeugung zu ent-
gehen, findet Pickerodt-Uthleb für J durch die Melodien nicht bestätigt.

2.   Der Reim

In frühen anonymen Strophen und bei Herger stehen neben dem
vorherrschenden (reinen) Vollreim noch vereinzelt Assonanzen und
vokalisch ungenaue Reime. Auch Spervogel reimt noch gelegentlich
a:â und scheut nicht das überschießende *n*. Diese Lizenzen bleiben
auch in späterer Zeit erhalten, hinzu kommen bei md. bzw. nd.
Dichtern Unsicherheiten bei Reimwörtern mit Umlauten und mit
alten bzw. neuen Längen (sie sind z.T. durch landschaftssprachliche
Besonderheiten bedingt). Sonst gelten die gleichen Gesetze wie im
Minnesang.
　　Was die Sonderformen des Reims (reicher Reim, grammatischer
Reim, Pausen-, Schlag-, Anfangs-, Innen-, Mittelreim, Äquivoke
u.a.) betrifft, die der späte Minnesang so ausgiebig pflegt, so gibt
sich der Sangspruch recht zurückhaltend. Auch die Reimbänder sind
meist weniger kunstvoll und variationsreich. Das gilt besonders,

wenn man Sangspruchdichter mit Autoren wie Gottfried von Neifen oder Ulrich von Winterstetten vergleicht.

Man findet noch das meiste an komplizierterer Reimtechnik bei
Konrad von Würzburg (19,25,31), der sich ja auch in seinem Minnesang durch artistische Formspielereien hervortut. Auch der Kanzler (KLD 28) bietet mit Ton XIII einen Beleg für Reimartistik.
Meißner XIII,3 (in einem polemischen Kontext), der wilde Alexander (KLD 1,II,16), namenlos h (KLD 38, 35,39f.) versuchen sich in
Äquivoken. Sangspruchtypisch ist aber das alles nicht.

Selbstverständlich nutzen auch die Spruchdichter die Möglich-
keiten der Reimstellungen (Paar-, Kreuz-, Schweifreim, umarmender
Reim) und Kornreim, aber sie sind funktionalisiert im Rahmen des
Strophenbaus bzw. der Strophenverknüpfung.

3. Die Strophe

Die Strophe ist die Einheit, auf die sich der Gestaltungswille des
mittelalterlichen Autors konzentriert – inhaltlich und formal. Sie ist
in der Frühzeit der Gattung (Spervogel, Herger) noch kurz und auf
die Pointe hin gebaut. Bei den Späteren führt der Wunsch nach dif-
ferenzierterem Ausdruck der Gedanken (wohl auch meisterlicher
Ehrgeiz) zu längeren und komplizierteren Formen. Das Gebäude einer Strophe ergibt sich aus Symmetrien, die durch die Hebigkeit
und Kadenz der Verszeile und durch das Reimschema entstehen.
Diese Grundstruktur kann auf verschiedene Weise gefüllt werden,
syntaktische Strukturen können sie zudem stützen. Über dieser textmetrischen Bauform liegt die Melodie, die wiederum ihre Symme-
trie aus dem Kontrast oder der Wiederkehr gleicher oder ähnlicher
Melodienzeilen gewinnt. Erst das Zusammenwirken von textmetri-
scher und musikalischer Bauform schafft die Strophe, die darum allein aus textmetrischen Analysen nicht zu bestimmen ist. Ob aber
die Melodie bei der Bestimmung der Strophe Vorrang genießt oder
die metrische Form, ist umstritten (s. Gennrich 1932, S. 8 u.ö. und
Spanke 1936, S. 142); handschriftliche Markierungen (Alinea, In-
itialen verschiedener Größe und Farbe, Reimpunkt, Virgel u.a.) bieten keine zuverlässige Entscheidungshilfe. Jedenfalls gibt es in der
Strophe zwei formale Bezugspunkte, die nicht übereinstimmen müssen.

Dem, der mit der mhd. Strophik nicht so vertraut ist, ist immer
wieder ins Gedächtnis zu rufen: Die Unterschiede zwischen einzel-

nen Tönen (=Strophenformen) können äußerst bescheiden sein; sie
können sich auf eine Zeile, auf kleine Umordnungen im Reimschema, auf das Mehr oder Weniger einer Hebung beschränken. Wie
oben schon angesprochen, gehören die stolligen Bautypen zu den
Innovationen in der Sangspruchdichtung. Sie haben nichtstollige
Formen zurückgedrängt und lassen auch sequenzartige Formen, d.h.
Repetitionsformen wenig Raum. Aber die stolligen Formen selbst
bilden deutlich umrissene Strophentypen eigenen Charakters heraus: Kanzonenformen und sogenannte Da-capo-Formen.

3.1 Die Kanzone

Die Grundstruktur dieser Form ist eine prinzipielle metrische und
musikalische Zweiteilung in Auf- und Abgesang und deren Län-
geverhältnis. Der Aufgesang besteht aus zwei gleichgebauten Teilen
(Stollen) und ist in der Regel länger als der metrisch und musika-
lisch unabhängige Abgesang mit seinen frei kombinierbaren Teilen.
Die Kanzonenstrophen in der Sangspruchdichtung des 13. Jahrhunderts nehmen umfangreiche Formen an – Herman Damens ›Prunk-
ton‹ (HMS III, 169) mit 36 Versen ist zwar auch in der Sangspruchdichtung eine Ausnahme, aber er zeigt, wie stark Töne anschwellen
können –, ein ausgewogenes Verhältnis zwischen Auf- und Abgesang
bleibt dennoch erhalten. Boppes ›Hofton‹ (HMS II, 377) mit einem
3-versigen Stollen und einem 14-versigen Abgesang hat in der Jenaer Hs. kein Gegenstück. Daß der Stollen um ein, zwei Verse länger
ist, kommt gelegentlich vor (etwa Bruder Wernhers 6. Ton, Schönbach 33ff.), ebenso die Ebenmäßigkeit von Auf- und Abgesang
(›symmetrische Kanzonen‹, etwa der wilde Alexander, Ton VI, KLD
1, S. 13). Ansonsten ist der Abgesang meist kürzer als beide, aber
länger als ein Stollen (Pickerodt-Uthleb 1975, S. 176ff. und ihre
Übersicht über die Bauschemata sämtlicher Melodiestrophen der
Hs. J auf S. 421-508). Das Prinzip der Wiederkehr, das den Aufgesang strukturiert,
kann auch die Strophe als ganze bestimmen, wenn Stollenteile im
Abgesang wiederaufgenommen werden. Meist handelt es sich dabei
um die Wiederkehr des Stollenschlusses, der die Strophe abrundet
und die Strophenstruktur klar herausstellt. Man spricht dann von
einer ›Rundkanzone‹. Ein einfaches, aber instruktives Beispiel ist
Walthers ›Palästinalied‹ (14,38), eine gleichversige Kanzone, die folgendes Bauschema aufweist:

		textmetrische Gliederung	musikalische Gliederung
A (Aufgesang)	I	4 v a 4 v b	α β
	II	II = I	II = I
B (Abgesang)	III	4 v c 4 v c 4 v c	γ δ β

Die Wiederholung der stollenbeschließenden Melodiezeile β als stro-
phenbeschließende Zeile erweist das Palästinalied als Rundkanzone.
Es zeigt auch, daß die Bestimmung als Rundkanzone der musikalischen Gliederung bedarf. Die textmetrische Struktur allein hätte im
vorliegenden Fall nicht genügt.

3.2 Die Da-capo-Form

Wenn ein ganzer Stollen nach dem Abgesang wiederholt wird (»drit-
ter« Stollen), sprechen Musikwissenschaftler von »Reprisenbarform«,
andere mit Betonung historisch-genetischer Bezüge von einem »re-
duzierten Strophenlai«. In der Germanistik hat sich der Terminus
›Da-capo-Form‹ durchgesetzt. Diese Form stellt nach Pickerodt-
Uthleb fast 60% der in J überlieferten Strophentypen. Schematisch
stellt sich der Typ so dar (als Demonstrationsbeispiel dient Wizlaws
III. Ton ›Ich partere dich durch mine vrouwen ›, HMS III,81):

		textmetrische Gliederung	musikalische Gliederung
A (Aufgesang)	I	6 kl a 6 kl b	α β
	II	II = I	II = I
B (Abgesang)	III	5 kl c 5 kl c	γ δ
A	IV	IV = I	IV = I

Schematisch verkürzt stellt sich das Schema dann so dar: A :‖ B | A
(Der Doppelpunkt steht für Wiederholung). Das musikalische Zwi-
schenstück B (oft ›Schwelle‹ genannt) kann variiert, vor allem repe-
tiert werden. So ergibt sich das Schema A :‖ B :‖ A. Man spricht
dann von ›Da-Capo-Form‹ mit Schwellenrepetition. Beispiele aus
der Hs. J wären etwa Rumelants Ton I oder die ersten vier Töne des
Meißners in J.

3.3 Repetitionsformen

Gelegentlich benutzen die Sangspruchdichter auch Strophen aus
zwei oder drei jeweils repetierten Melodieabschnitten. Sie gründen
sich auf das Prinzip der Reihung. Darum werden Zusammenhänge
mit Versikelformen des Lai immer wieder vermutet (sie schlagen
sich in der Terminologie nieder, wenn von »Laiausschnitten« oder
»Doppelversikel« gesprochen wird), bleiben aber unsicher. Beispiele
bieten Damen (IV. Ton), wilder Alexander (II. Ton) u.a.

   Zusammenfassend kann man sagen: Kanzonen und Da-capo-
Formen charakterisieren die Strophik des Sangspruchs. Mit der
Kanzonenform reicht der Sangspruch hinüber zum Minnelied – wie
Pickerodt-Uthleb 1975, S. 209 feststellt –, mit der Da-capo-Form
weist er zum Meistersang. Dies beschreibt denn auch die formge-
schichtliche Stellung des Sangspruchs.

4. Überstrophische Einheiten

Im Minnesang fallen in der Regel Lied und Ton zusammen, wobei
ein Ton drei, fünf, selten sieben und mehr Strophen hat. In der
Sangspruchdichtung scheint der Ton dagegen das Arsenal zu sein,
aus dem der Autor, der Sänger, vielleicht auch der Redaktor der
Handschriften Mehrstrophigkeit herstellt. Eine andere Art der Lied-
konstitution wäre auch bei Tönen von über 250 Strophen im Frau-
en-Ehren-Ton Reinmars von Zweter – um ein extremes Beispiel zu
nennen – oder 42 Strophen in Sonnenburgs viertem Ton, 22 Strophen in Walthers König-Friedrichs-Ton nicht möglich. Eine thematische Einheit, wie moderne Poetiken sie vom Lied erwarten, ist bei
solchen Zahlen in der Regel ausgeschlossen.

   Hier öffnet sich nun ein Bereich der mittelalterlichen Poetik, welcher der neuzeitlichen mehr absteht als andere Bereiche. Suchte man

in unserer Zeit Vergleichbares, müßte man schon auf subliterarische
Erscheinungen zurückgreifen oder auf Lyrik im aktuellen Gebrauch,
etwa auf Schnadahüpfel oder auf Liedformen des Kabaretts. In solchen lyrischen Produkten gibt es keine Einheit des Themas, aber doch
eine Einheit durch die Melodie und vor allem durch den Anlaß, d.h.
durch die Einbettung des Vortrags in bestimmte öffentliche und halb-
öffentliche Situationen. Auf solche Situationen muß der Autor oder
der Sänger reagieren. Er mag das vorbereitet tun, indem er neue Strophen dichtet, Strophen aus seinem Arsenal aktualisiert und neu zu-
sammenstellt, oder er mag aus dem Stegreif reagieren.

Daß eine so geschaffene Mehrstrophigkeit nicht lediglich Addition ist, ergibt sich schon allein aus dem Faktum, daß die Poetik des
mittelalterlichen Liedes formale Mittel bereitstellt, die Strophen zu
größeren Gesätzen bindet. Eine zweite Frage ist es dann, wie man
solche Gesätze bezeichnet und als literarische Erscheinungen bewertet, als L i e d e r, Z y k l e n, V o r t r a g s - oder auch nur Ü b e r l i e f e -
r u n g s e i n h e i t e n.

4.1 Mittel der Strophenbindung

Mittel der Strophenbindung sind weder gattungsgebunden noch
volks- oder nationalsprachlich begründet. Sie werden darum von
Trobadors, Trouvères und ›Vaganten‹ ebenso benutzt wie von Minnesängern und Sangspruchdichtern. Sofern sie nicht schon antiker
Praxis entstammen und im Strom der Rhetorik ins Mittelalter ka-
men, sind sie theoretisch (d.h. in Poetiken) und praktisch am stärk-
sten in der provenzalischen Lyrik ausgebaut. Da sie aber auch mne-
motechnische Aufgaben übernehmen, muß man sie nicht unbedingt
aus gelehrter Tradition herleiten: Einzelne Techniken könnten auch
aus oralen Quellen stammen und mit Vortragsgewohnheiten und
›Gebrauch‹ von Lyrik zusammenhängen.

Daß diese Mittel Ausdruck und Manifestation meisterlicher
Kunst sind, versteht sich. Im Rahmen überstrophischer Einheiten si-
chern sie aber zunächst einmal Zusammengehörigkeit und gegeben-
falls auch die Abfolge von Strophen, die wegen fehlender Linearität
der Gedankenführung immer wieder gefährdet ist. Explizite Verweise auf Mehrstrophigkeit und damit auf Zusammengehörigkeit und
Strophenfolge sind selten. Höllefeuer formuliert: *In diser wise daz
erste liet* (›Strophe‹!) / *sing ich dem hœsten herren* (HMS III,33:1).
Frauenlob faßt eine Reihe von fünf Preisstrophen mit dem Ein-
gangsvers der 5.Strophe zusammen: *Vier richiu lop diu weln daz*

vünfte mit in hin (HMS III,123:54, ähnlich bei Singenberg, SMS 12, 23,IV).

Es ist auffallend, daß solche Mittel in Minnesang und Sangspruchdichtung nicht so systemhaft ausgebaut sind wie bei der mittellateinischen und – noch stärker – bei der romanischen Lyrik. *Coblas unisonans* (die Reime sind in allen Strophen eines Liedes identisch) kennt die Sangspruchdichtung ebenso wenig wie *coblas doblas* oder *ternas* (zwei oder drei aufeinander folgende Strophen weisen den gleichen Reim auf). Aber markante gleiche Reime, z.T. an gleicher Strophenstelle, benutzen auch die Sangspruchdichter; unübersehbar etwa beim Meißner, der sonst Reimresponsionen meidet, im XVII. Ton, welcher sich mit dem rechten Verhalten der Menschen in der Welt beschäftigt:

eren: meren 1,9:10; *eren : reren* 2,9:10; *eren : meren* 4,9:10; *eren: leren* 5,4:5; *ere:lere* 6,3:6; *eren:leren* 10,9:10; *eren:leren* 12,1:2; *ere:lere* 14,4:5; *ere:lere* 15,9:10.

(Die Responsion ist in den Strophen 1,2,4,10,15 zudem noch Schlußmarkierung). *Coblas capfinidas* (ein Wort des letzten Verses einer Strophe wird im ersten der folgenden wieder aufgenommen) – mlat. Poetiken nennen sie *versus transformati* – finden sich vereinzelt: Rumelant von Schwaben, HMS III, 69:2 und 3; der wilde Alexander, KLD 1,I,1-2; reduziert auf klangliche Responsionen auch Wizlaw HMS III,83: XII,1-3. Zielen gerade die zuletzt genannten Mittel auf Sicherung der Strophenfolge, bekunden andere zunächst einmal eine (potentielle) Zusammengehörigkeit von gleichtonigen Strophen. Neben unauffälligeren Responsionen (Wiederholung von Leitwörtern oder zentralen Gedanken) bzw. reinen Klangresponsionen steht die aufdringlichere Figur der Strophenanapher. Der dreimalige Stropheneinsatz mit *Her keiser* in Walthers Unmutston (11,30) ist sicherlich das bekannteste Beispiel (markant auch Sonnenburg I, 7-9, oder – leicht variiert – der Kanzler, KLD 28, XVI, 14-17). Der strophenbindende Refrain, Merkmal von Gemeinschaftslyrik, kommt im Sangspruch (anders als in der Lieddichtung) selten vor, ist aber bei Reinmar dem Fiedler (KLD 45,I) belegt.

Allein oder in Verbindung mit inhaltlichen Verknüpfungen schaffen solche Formsignale Sinnbeziehungen. Hier hat die Literaturwissenschaft aber noch nicht genügend Deutungsinstrumente entwickelt. Solange sie davon ausging, daß es nur eine »richtige« Folge gab, die auch in einer inhaltlichen Struktur aufscheinen mußte, bestand für sie allerdings auch keine Notwendigkeit, komplexen

und mehrschichtigen Geflechten zwischen Strophe und Lied nach-
zugehen.

Die Diskussion, wie strophenübergreifende Gebilde genannt
werden sollen und welche Bedeutung sie für das Gattungssystem
und die Gattungsgeschichte der mhd. Lyrik haben, eskalierte in den
60er Jahren und wurde unter dem Titel ›Lied-Spruch‹ geführt. Sie
wird in einem eigenen Kapitel (VIII) dokumentiert und analysiert
werden, wobei sich erweisen wird, ob der Streit »zu den unnützesten
[gehört], die in der Germanistik geführt wurden.« (Müller 1990, S.
512).

VII. Zur Komposition mittelalterlicher Strophenreihen

Wenn man die mittelalterlichen Poetiken nach Modellen zum Aufbau eines Kunstwerks befragt, wird man zu allererst auf die Rhetorik verwiesen. »In allen Arten des [mittelalterlichen] Schrifttums, die irgendwie formale Ansprüche stellen, erweist sich die Rhetorik als führende Macht« (Brinkmann 1928, S. 31). Darum stützt sich der Aufbau eines Kunstwerkes auf die alte rhetorische Lehre von den fünf Teilen der Rede. Für das literarische Kunstwerk kommen allerdings nur drei in Frage: das Proöm, die Narratio und die Conclusio (Probatio und Refutatio sind rein prozessuale Bestandteile, die nur in der Gerichtsrede ihren Sinn haben). Anfang und Schluß eines Werkes stehen dabei in einer stärker ausgebauten rhetorischen Tradition als die Narratio. So haben denn auch Anfangs- und Schlußstrophen einen relativ festen Platz im mittelalterlichen Lied.

1. Das Proöm (›Einleitung‹)

Schon in der Antike hatten sich Exordialtopoi herausgebildet, die sich in den Rhetoriken sammelten und im Rhetorikunterricht den Schülern vermittelt wurden. Das sind bewährte Topoi, um die Aufgabe, die dem Proöm gestellt war, die Hörer *dociles, benevolos et attentos* zu machen, zu erfüllen. Sammlung wie Typisierung bergen jedoch die Gefahr, daß das Proöm lediglich abgefaßt wird, um einer rhetorischen Pflicht zu genügen. Verbindung und Bezug zum Werk selbst gehen dabei gelegentlich verloren. Dennoch muß davor gewarnt werden, es als Besonderheit aufzufassen. Proöm, Narratio, Conclusio stellen die rhetorische Grundstruktur mittelalterlicher Dichtung dar. Beispiele, in denen Proöm und Narratio zumindest für moderne Begriffe keine innere Einheit bilden, bietet die Literatur der Zeit zur Genüge. Auf einige Besonderheiten, die für die Sangspruchdichtung bedeutend sind, sei besonders hingewiesen: Religiöse Preis- und Bittstrophen stehen in Strophenreihen (d.h. Tönen) oft ohne direkten Bezug am Anfang. Sie verdanken, so möchte man meinen, ihre Existenz mehr einer literarischen Tradition als ihrer Beziehung zu den folgenden Themen. Denn sie dienen nicht nur als Einleitung zu theologischen Themen, sondern sind mit allen anderen verbindbar. In der Jenaer Handschrift, der Hauptquelle für die Sangspruchdichtung, findet man Strophen religiösen Inhalts vorzugsweise als Anfangsstrophen eines Tones. Unbestritten als Markierung des Anfangs müssen die häufigen Tonweihen gelten. Wieweit sie jedoch einer Liedkonstituierung dienen, muß die Einzelinterpretation entscheiden.

2.   Die Conclusio (›Schluß‹)

Auch für den Abschluß eines Gedichtes gibt es rhetorische Formen, doch sind sie weniger häufig als die Exordialtopoi. Nicht selten bricht der Dichter seine Verse ab, ohne ausdrücklich einen Abschluß zu markieren.

Das gerade in der moralisch-satirischen Dichtung und auch in der Sangspruchdichtung beliebte Aufbauprinzip der Reihung erlaubt es, Strophen ins Übersehbare fortzusetzen. Ein solches Prinzip erklärt die abrupten Schlußformeln wie *apocopandus est sermo* [»Die Predigt muß nun abgebrochen werden«] (Walter von Chatillon, hg. v. Strecker 1929, 3, 37) oder *iam satira faciat finem sue litis* [»Die Satire beendet nun ihren Streit«] (ebd. 13, 15). Sicher dienen auch die *tornada* (abschließende Geleitstrophe) bzw. *envoi*-Strophen der prov. Sänger der Markierung des Liedschlusses. In der deutschen Sangspruchdichtung sind solche Formeln und Formen selten. Man könnte jedoch auf sog. »Formansagen«, auf die Abschlußverse der letzten Strophe von Walthers Atzeton hinweisen (*hie gêt diu rede enzwei 104,6*) und die Schlußformeln einiger Lieder des Tannhäusers (hg. v. Siebert, III, 27; IV, 30) und Ulrichs von Winterstetten (KLD 59, IV, 193f.) als Beleg heranziehen.

Die Möglichkeit, ein Gedicht mit einem Preis Gottes zu beenden, führen Rhetoriken ausdrücklich auf. Diese Vorschrift macht es verständlich, warum in mittelalterlichen Gedichten oft ein Gebet ohne direkten Bezug zur Narratio am Ende steht. Ein Beispiel: In einem Preis der Nachtigall (›Carmina Cantabrigiensa‹, hg. v. Strecker, 1926 Nr. 10) schließt die vorletzte Strophe mit dem bekannten Topos, Dichter und Zuhörer seien müde. Dennoch bringt eine folgende Strophe ein Bittgebet an die Dreifaltigkeit mit einem schweren ausklingenden Amen. Eine solche Art der Conclusio wird auch bei den Interpretationen vieler Spruchtöne der Jenaer Handschrift zu beachten sein, wo gerade Gebets- und Preisstrophen an die drei göttlichen Personen oder an Maria nicht selten thematisch isoliert stehen. Sie deshalb als Einzelstrophen zu betrachten, verbietet dieser von der Rhetorik legitimierte Schlußtopos.

Der Abschluß mit einer Huldigung an einen Gönner müßte eigentlich in der Dichtung fahrender Sänger häufig belegt sein, wenn man ihre Lebensumstände berücksichtigt, aber die Dichtung bietet bemerkenswert wenige Beispiele. Eine Erklärung für diesen Sachverhalt werden die Überlegungen zu variablen Einheiten (s.u.) liefern, denn aus dieser Erscheinung könnte sich das seltene Vorkommen dieses Schlußtopos erklären lassen.

3. Die Narratio (›Erzählung‹, d.i. Hauptteil)

Rührten das Proöm und die Conclusio noch nicht an den eigentlichen Kern des Gedichtes, so daß sich trotz formaler und inhaltlicher Verflechtungen Sprünge und Brüche im Aufbau aus der mehr oder minder starken Verbindlichkeit zur Abfassung einer Einleitung und eines Schlusses erklären ließen, so verliert dieser Erklärungsversuch einiges an Wahrscheinlichkeit, wenn lockere Fügung und abrupter Themenwechsel auch der Narratio das Gepräge geben. Solche Themenwechsel scheinen oft gewollt zu sein. In mittellateinischen, romanischen, aber auch deutschen Gedichten lassen sich immer wieder Stellen finden, wo ein Themenwechsel explizit angekündigt wird.

So stellt Walter von Châtillon (hg. v. Strecker 1929) Zäsur und Themenwechsel klar heraus:

> *set de istis actenus sat dictum videtur,*
> *ad prelatos deinceps stilus convertetur.* (XIII, 1-2)
> (»[Mir] scheint, darüber ist jetzt genug gesagt,
> der Griffel wird sich nun den Prälaten zuwenden«)

Ähnlich abrupt, aber auch mit einer ähnlichen Formel wechselt Peire Vidal (hg. v. Anglade, Nr. XXIV) nach einer sechsstrophigen Liebesklage zu einem neuen Thema:

> *lai vir mon chant al rei celestial*
> (»Hier wendet sich mein Lied dem himmlischen König zu«)

Wie diese beiden Autoren macht auch Neidhart in seinem zweiten Winterlied auf einen Themenwechsel aufmerksam. Strophe 1 bringt einen Natureingang, der ungezwungen in die Beschreibung einer

Spielszene übergeht. Diese Schilderung beendet er trocken mit dem
Satz:

> *hie mit sul wir des gedagen:*
> *sprechen von den kinden, diu dar sint gebeten*
> *ûf den gofenanz!*

Es folgt ein Aufgebot zum Tanz. Eine äußerliche, sicherlich nicht
elegante Verknüpfung, die aber sehr fest ist. Sie verbindet zwei
Handlungen, die keine ursächliche Beziehung zueinander haben, die
weder die Einheit des Ortes noch die der Zeit aufweisen. Nur das
Mädchen *Jiutelîn* rückt die Szene enger zusammen. In Strophe 2 bis
4 steht sie im Mittelpunkt des Interesses, während sie in 5 bis 7 eine
kleine Chargenrolle spielt. Neidharts Winterlieder mit ihren
kontrastierenden Strophengruppen bilden überhaupt ein weites Feld
für die Untersuchung solcher Probleme. Darum sei zuletzt auch
noch auf das Winterlied 36 hingewiesen. 1 bis 3 bringen einen Natureingang und eine persönliche Minneklage. 4 bis 5 enthalten einen Ausfall gegen die Bauerngecken. Ihnen wird das Kommen des
Kaisers angekündigt, der sie in die Standesschranken verweisen
wird. Dieser Angriff läßt sich nicht mit dem Zorn gegen die Konkurrenten begründen, denn in 1 bis 3 klagt nicht der verdrängte
Neidhart, sondern ein Neidhart, der von der Geliebten verzaubert
wird. 6 bis 7 endlich sind ein Preis auf den Herzog Friedrich von
Österreich. Drei verschiedene Themen, für die es schwerfällt, ein
Generalthema zu finden. Drei lyrische Haltungen: Klage, Schelte,
Preis. Drei verschiedene Adressaten, dazu noch abrupte unverdeckte
Übergänge. Neben der Einheit des Tones verbindet die drei Kreise
nur die Tatsache, daß es sich nach Auskunft der Handschriften um
Äußerungen eines Autors handelt. Diese Verquickung von Liebes-,
Preis- und Scheltdichtung erinnert an die provenzalische Sirventese-
Kanzone. Auch sie behandelt die verschiedensten Themen in einem
Lied: Liebe vermengt sich mit Politik und höfischer Tugendlehre,
höfische Idealität mit gerügter Wirklichkeit.

Auf zwei Erscheinungen, die den Mangel an kompositorischer
Geschlossenheit mittelalterlicher Dichtwerke auch begründen könnten, ist noch aufmerksam zu machen: auf den Exkurs und die Am-
plifikatio. Die mittelalterlichen Poetiken erlauben den Exkurs ebenso wie die klassischen. Sie gestatten nicht nur Abschweifungen vom
Stoff zur Begründung und zur Erhellung (*per argumentationem*),
sondern auch zur Erweiterung und Ausschmückung (*per am-
plificationem*). In der dichterischen Praxis sind Exkurs und Amplifi-
katio in ihren Themen und in ihren Anlagen weiter und vielfältiger
gebraucht, als sie die Theorie darstellt. Diese Überlegungen sollten

daran hindern, zu schnell von einer verfehlten Ökonomie in mittelalterlichen Dichtwerken zu sprechen. Der Vorwurf kompositorischer Mängel, den die Kritiker des 19. und 20. Jahrhunderts den Gedichten oft machen, beruht sehr oft auf einem Unverständnis für die eigenartige Technik dieser Erscheinungen. Im übrigen stehen ihr auch Zeitgenossen ablehnend gegenüber, etwa Hugo von St. Viktor (etwa 1196-1241), wenn er notiert:

hujusmodi sunt omnia poetarum carmina [.....], illorum etiam scripta, quos nunc philosophos appellare solemus, qui et brevem materiam longis verborum ambagibus extendere consueverunt et facilem sensum perplexis sermonibus obscurare, vel etiam diversa simul compilantes, quasi de multis coloribus et formis unam picturam facere (PL 176,768f.).

(»Derart sind alle Werke der Dichter ... und auch die Schriften derer, die wir heute Philosophen zu nennen pflegen, daß sie gewöhnlich einen kurzen Sachverhalt durch große Weitläufigkeit der Worte strecken, einen durchsichtigen Sinn durch komplexe Darlegungen verdunkeln oder auch durch allerlei Zusammengesuchtes gleichsam aus vielen Farben und Formen ein Bild machen.«)

Aber gerade solche Ablehnungen zeigen, wie sehr diese Praktiken zum poetischen Handwerkszeug des mittelalterlichen Autors gehören.

Ein kurzes Resümee: Schelte und Preis, Heische und Klage schließen sich in einem Gedicht ebensowenig aus wie die Stilarten Ernst und Scherz. Themenpluralität, kühne Übergänge, inhaltliche Selbständigkeit einzelner Teile scheinen nach dieser Übersicht die Einheit eines mittelalterlichen Gedichtes durchaus nicht in Frage zu stellen. Den modernen Leser mag es stören, daß diesen Gedichten ein kontinuierlicher Gedankengang fehlt und daß sie innere Geschlossenheit vermissen lassen. Die mittelalterlichen Autoren und Sänger selbst scheinen aber keinen Anstoß daran zu nehmen. Wie könnte man sonst auch erklären, daß sie auf Nahtstellen selbst aufmerksam machen, statt sie zu verdecken? Mit der Ungeschicklichkeit oder der überwuchernden Phantasie eines einzelnen läßt sich dieser scheinbaren Formlosigkeit nicht beikommen. Dagegen sprechen die Namen der Zeugen, vor allem aber die Tatsache, daß sich Belege aus allen drei großen Literaturen der Zeit anführen lassen. Wie die mittelalterliche Malerei die moderne Zentralperspektive noch nicht kennt, so scheint sich auch die Poetik vornehmlich auf akkumulierende Anordnungen zu beschränken. Die Reihung ist jedenfalls das vorherrschende Kompositionsprinzip. Über E.R.Curtius' Festellung, daß das Mittelalter weit davon entfernt war, »von einem Schriftwerk Einheit des Gegenstandes und innere Geschlossenheit des Aufbaus zu fordern« (Curtius 1948, S. 491), ist die Wissenschaft noch nicht hinausgekommen. Allerdings hat Curtius diese Feststellung als Philologe, der die schriftliche Tradition darstellte, getroffen. Überlegungen zur Aufführung mittelalterlicher Dichtung würden manchen Akzent anders setzen.

4. Variable Einheiten, unfeste Liedformen

Es ist immer eine Schwierigkeit für Interpreten gewesen, mit Namen versehene Preis-, Schelt- und Bittstrophen, überhaupt aktuelle Strophen in größere Gesätze zu integrieren. Diese Schwierigkeit wird nicht zu lösen sein, solange die Literaturwissenschaft, dem modernen Liedbegriff folgend, ein mittelalterliches Lied als einmal vom Autor geplante, für immer feststehende Einheit betrachtet. Sobald sie aber den Autorbegriff relativiert und dem Gedanken näher tritt, daß das mittelalterliche Gedicht keine ›authentische‹ Reihenfolge verlangt, sondern eine offene Form besitzt, d.h. Strophen aufnehmen, andere weglassen kann, läßt sich das Problem (zumindest theoretisch) relativ leicht lösen. Man könnte solche Strophen als bewegliche Versatzstücke betrachten, die je nach der Situation dem Vortrag angefügt bzw. in ihn eingefügt wurden. Wenn manche Interpreten also ihre Interpretationsschwierigkeit so lösen, daß sie etwa einem Lied zwei Schlußstrophen geben (Maurer 1954, S. 88 z.B. wollte den König-Friedrichs-Ton einmal Herzog Leopold von Österreich gewidmet wissen, zum andern dem König Friedrich), so ist das keine Verlegenheitslösung, sondern ein wesentlicher Zugang zur strophischen Dichtung des Mittelalters. Er beruht einerseits auf einer anderen Form der Ästhetik, zum anderen auf der gesellschaftlichen Bedingtheit dieser Dichtwerke. Wie im mittelalterlichen Bild verschiedene Themen und Motive simultan nebeneinanderstehen und der Bezug vom Betrachter hergestellt wird (natürlich nicht ohne immanente Deutungsmuster), so stehen im mittelalterlichen Lied Strophen nebeneinander, deren Zuordnung der Hörer im Vortrag vornimmt. Was die gesellschaftliche Bedingtheit betrifft, muß daran erinnert werden, daß der Sänger bei jedem Vortrag von neuem um die Gunst seines Publikums kämpfen mußte, d.h. aber, er mußte seine Aussage, die ja meist aus wenigen gültigen und allgemein bekannten Wahrheiten bestand, in immer neuen Gewändern präsentieren. Lebte er gar als Fahrender, war es für ihn

ratsam, seine literarische Ware neuen Gegebenheiten anzugleichen,
wenn er für sich etwas herausschlagen wollte. In einem Kloster ein
Lied mit Gebet und Preis auf eine der göttlichen Personen zu be-
schließen oder anzufangen, wird Erfolg bringen. Auf einer Burg
wird es sicherlich sinnvoller sein, in einer angehängten Strophe das
Lob des Burgherrn zu singen. Man mag solche Strophen Gele-
genheitsstrophen nennen, aber sie haben eine gewisse Funktion.
Durch sie kann sich der Sänger auf die Situation einstellen, seien es
nun Heische-, Preis-, Rüge- oder Widmungsstrophen. Im Blick auf
ein Lied im neuzeitlichen Sinne sind natürlich die Bindungen lok-
ker, aber sie können durch die Vortragssituation ohne Schwierigkeiten ausgeglichen werden. Das Auswechseln oder Auslassen von
aktuellen oder persönlichen Strophen steht also unmittelbar in Beziehung zur Lebensweise der fahrenden Sänger und kommt aus der
lebendigen Wechselwirkung von Sänger und Publikum.

In der Handschrift J stehen die Preisstrophen in den allermeisten
Fällen am Schluß des Tones, oft gehäuft (d.h. es sind Preisstrophen
auf verschiedene Herrscher), oft als Nachträge. Der Sammler oder
Schreiber war sicherlich mit der Vortragspraxis vertraut, so daß er
ganz natürlich diese beweglichen Strophen an den Schluß des Tones
setzte. Einige sind wohl auch verlorengegangen, wie die Nachträge
beweisen. Das sollte jedoch nicht verwundern, schrieb doch das
Mittelalter Texte weniger aus literarhistorischen Gründen ab, als um
sie wieder zu verwenden. Wenn man unter diesen Aspekten den
Produktionsvorgang betrachtet, dann muß man sich die Entstehung
eines »Liedes«, wie man es in den Handschriften findet, auch als ein
allmähliches Wachsen vorstellen, das sich möglicherweise über mehrere Jahre erstrecken konnte (wenn es nicht überhaupt ein Stro-
phenensemble ist, das nur *hic et nunc* existierte).

Konkret könnte das Wachsen des Liedes so aussehen, daß eine
veränderte Vortragssituation den Dichter (oder auch Sänger) veran-
laßte, seinem Lied einige für die Zuhörer neue, auf sie zugeschnitte-
ne Strophen hinzuzufügen und dafür einige weniger oder nicht pas-
sende auszulassen. Dieses Einführen und Streichen kann eine
Umgruppierung der anderen Strophen nach sich ziehen. Die Strophen können durch ihre neue Stellung auch eine neue Deutung erhalten. Was einst Höhepunkt des Liedes war, kann Motivierung
oder Kontrast werden; was einst brennende Aktualität hatte, ist jetzt
nur noch Beispiel. Ein schönes Beispiel bieten die Strophen 143-
144 Reinmars von Zweter. 144 ist eine *laudatio* auf den neuen Gönner Wenzel I. von Böhmen ohne jeden politischen Bezug, der Eingang (v.1-6) eine moralisierende Sentenz. Verbindet man sie jedoch

mit 143, bekommt die Sentenz Leben und die Strophe politische
Brisanz. 143 gilt nämlich Kaiser Friedrich II. Wenzel wird an ihm
gemessen – und gewinnt.

Solche Verfahrensweise löst ja nicht nur das Zeitproblem, sondern verscheucht auch die Bedenken gegen allzu krasse Stimmungs-
umschwünge und zu weit gespannte Themenbereiche. Es ist kein
Einwand gegen ein solches Verfahren, wenn man seit Beginn des 13.
Jahrhunderts bei romanischen Dichtern Techniken findet, die darauf abzielen, die Strophenfolge abzusichern. Eine solche Reaktion
stützt die Vermutung beweglicher Strophen, aber dokumentiert vielleicht auch schon ein gewandeltes Text- und Autorenverständnis
(Cramer 1988 und 1998).

Also nicht ein Lied, sondern mehrere Lieder kann der Ton enthalten, die ihre Existenzform in einer okkasionellen Einheit haben.
Man muß mit solchen Überlegungen nicht von der Vorstellung Ab-
schied nehmen, daß der Dichter auf eine Wirkung hinsteuere, die
von einer von ihm gemeinten und beabsichtigten mehrstrophigen
Einheit ausgeht. Solche okkasionellen Einheiten sind ja keine will-
kürlichen Zusammenstellungen, sondern sind ebenso nach Kunstre-
geln gebaut wie andere Dichtungen (wenn auch die Sinnbezüge
dem Interpreten oft verschlossen bleiben). Die Strophen als kleinste
Einheiten sind die Bausteine, mit denen der Autor (oder Sänger)
sein »Lied« baut. Diesen Voraussetzungen muß aber ein neues Kriterium hinzugefügt werden: Das Lied verlangt keine Zeiteinheit seiner
Genese, sondern nur die des Vortrages bzw. die der Rezeption
und Deutung des Hörers.

VIII. Terminologisches.
Das Problem Lied – Spruch

In Handbüchern und Literaturgeschichten wird der Teil der mhd. Lyrik, der nicht Liebes- bzw. Minnelyrik ist, immer noch ›Spruch-dichtung‹ genannt und die einzelne Strophe ›Spruch‹. Schon Schneider (1928, S. 287) empfand diese Bezeichnungen als eine »der ärgsten Unzulänglichkeiten unserer literarhistorischen Terminologie«, da sich mit der Benennung ›Spruch‹ Konnotationen an gesprochene, knappe, pointierte Dichtung gnomischer Art verbinden. Die neuere Forschung versuchte, diese Assoziationen abzuschwächen, indem sie weitere Definitionsmerkmale der Gattung in ihre Bezeichnung einbezog (Liedspruch, Spruchgedicht, lyrischer Spruch, Sangspruch) oder funktionale Bezeichnungen wählte (politisches Lied, Gebrauchslyrik). Ein weiterer Mangel der Bezeichnung ›Spruch‹ besteht darin, daß er nicht dem hochmittelalterlichen Gebrauch entspricht (s. dazu unten).

Der Streit ist zwar nicht müßig, aber man sollte die terminologischen Fragen nicht überbewerten. Da ›Spruch‹ sich traditionell als Bezeichnung für einen Teil der mhd. Lyrik durchgesetzt hat, empfiehlt es sich nicht, ohne Not von ihm abzugehen. Nimmt man ihm noch durch den Zusatz »Sang-« die Konnotation an gesprochene Dichtung (wie es H. Schneider 1928, S. 288 vorschlug), dann ist mit ›Sangspruch‹ ein Terminus gefunden, der an die herkömmliche Fachterminologie anschließt und zugleich systematische Belange berücksichtigt. Bisher hat sich die Bezeichnung aber trotz des großen Regestenwerks *Repertorium der Sangsprüche und Meisterlieder des 12. bis 18. Jahrhunderts* und der dort geäußerten Feststellung, der Terminus habe sich eingebürgert (RSM, Bd. 1, S. 1), nur in Spezialabhandlungen voll durchgesetzt. Selbst neuere Editionen benutzen noch ›Spruch‹ bzw. ›Spruchlyrik‹.

Der Terminus ›Spruch‹ bzw. ›Spruchdichtung‹ entstammt der Walther-Philologie. Dies ist eine nicht unwesentliche Feststellung, weil Walthers Œuvre ein Werk *sui generis* ist. Es ist nämlich methodisch fragwürdig, an seinem Werk gewonnene Erkenntnisse für die gesamte Gattung zu verallgemeinern. Die Erscheinung selbst ist älter als Walther, aber bei ihm steht zum ersten Mal das, was heute ›Sangspruch‹ heißt, qualitativ und auch quantitativ gleichberechtigt neben dem Liebes- bzw. Minnelied. Das Minnelied ist darum auch die Folie, vor welcher der Begriff ›Spruch‹ gewonnen wurde – und zwar in einer Art dichotomer Definition und nicht aus einem Überblick einer historischen Reihe ›Sangspruch‹ bzw. aus einer definitorischen Einkreisung des Phänomens.

Als Karl Simrock in seiner Übersetzung der Gedichte Walthers von der Vogelweide 1833 nach einer Bezeichnung für Strophen suchte, die sich formal und thematisch von der Liebeslyrik abzutrennen schienen, verwandte er den Terminus zum ersten Mal. Im guten Glauben übrigens, denn er meinte mit dieser Bezeichnung dem Sprachgebrauch Walthers selbst zu folgen und verwies auf Walther 26,27; 18,3; 48,13; 103,33. Besonders wichtig war ihm 26,26ff.

> Mîn vorderunge ist ûf in kleiner danne ein bône;
> ezn sî sô vil, obe er der alten sprüche wære frô.
> ein vater lêrte wîlent sînen sun alsô,
> ›sun, diene manne bœstem, daz dir manne beste lône‹.
> hêr Otte, ich binz der sun, ir sît der bœste man,
> wand ich sô rehte bœsen hêrren nie gewan:
> hêr künec, sît irz der beste, sît iu got des lônes gan.

Er glaubte, Walther erinnere mit diesen Versen an seine früheren politischen Auslassungen im Dienste der staufischen Sache. So gewann er mißverstehend den terminus technicus *spruch*.

Beobachtet man den Sprachgebrauch der zeitgenössischen Autoren selbst, ist *spruch* zunächst alles, was gesprochen wird, Wort und Rede (vgl. Lexer II, Sp. 1120). Eindeutig in der Bedeutung Sprichwort verwenden es Stolle (HMS II,153: 2,13) und Höllefeuer (HMS III,34: 4,4). Bei Rumelant (HMS III,58: 20,4) und Kelin (HMS III,23: 3,10) übersetzt man *smahen spruch* bzw. *arge sprüche* am besten mit ›Schmähworte‹ bzw. ›böse Worte‹. An allen anderen Stellen, wo das Wort (in der Jenaer Hs.) auftaucht, steht es immer im Zusammenhang mit Lob und Tadel und fast durchweg mit Epitheta wie *guot, süeze, rîch, swint, bœse* (vgl. etwa Bruder Wernher, Schönbach 11,6; 13,10; 64,2; Unverzagte HMS III,44: 2,10; Meißner XVI,4,4; Rumelant HMS III,68: 2,4 u.a.). Einer Übersetzung mit Worten des Preises oder Scheltens steht nirgendwo etwas im Wege. Auch in der bekannten, in den Handschriften Walther zugeschriebenen Stelle

> Hêr Wicman, habt irs êre,
> daz ir den meistern rîtern welt
> sô meisterlîche sprüche? (18,1-3)

läßt sich *spruch* nicht eindeutig als Gattungsbezeichnung deuten, wie es Simrock tat. Man kann *meisterliche sprüche* ganz allgemein mit ›kunstgemäße Rede‹ übersetzen (vgl. BMZ II[1], S. 124; II[2], S. 539). In derselben Funktion findet sich *wort* (etwa Stolle HMS III,5:10,7; 7:22,9). Leichte Zweifel kann man bei der Übersetzung der Meißner-Stelle haben:

> *Ich kan mit sprüchen unde mit sange*
> *gewirden wol, die mir sint helfebere.* (XVI,4,4)

Jedoch dürfte hier die Variation der Formel *wort und wîse* (etwa Walther 26,4; Rumelant von Schwaben HMS III,68: 1,8) vorliegen. Daß *spruch* sich auch auf Liebeslieder beziehen kann, zeigen wohl die Stellen Walther 48,13; Morungen MF, XVII, 2,7 und XXXIII[2], 4,2.

Dieser Befund über *spruch* wird gestützt durch die Tatsache, daß überall dort, wo sich eindeutig die Übersetzung ›Strophe‹ empfiehlt oder der Bezug auf die folgende Strophe deutlich ist, niemals *spruch* steht, sondern *liet*, *sanc, rede* oder spezieller *bîspel, glôse*. Der Terminus *liet* ist neutral und auf keine Art festgelegt. Er kann sich auf Liebes- und Tanzlieder (wilde Alexander KLD 1,II, 13,3), auf Rätsel (Rumelant HMS III,49: 1,5) oder auf religiöse und paränetische Strophen (Stolle HMS III,4: 6,10; Unverzagte HMS III,45: 5,1) beziehen. Noch allgemeiner ist *sanc*, jedoch darf man hier nicht nur an die musikalische Seite denken, *sanc* beinhaltet Wort und Weise. Das zeigt das Überlegenheitsgefühl der Dichter gegenüber den Spielleuten, die nur die Instrumentalmusik pflegten. *sank mak man schriben unde lesen* singt der Unverzagte (HMS III,44:1,10). *sanc* kann aber auch in Bezug auf Rätselstrophen, didaktische Strophen, paranätische Strophen usw. stehen, als Synonym zu *bîspel* braucht es Rumelant (HMS III,58: 14,9). *rede* führt wie *bîspel* die Deutung einer Allegorie oder Fabel ein, etwa bei Kelin (HMS III,23: 5,17). Synonym zu *wort, sanc* liest man es beim Henneberger (HMS III,40: 7,12). *bîspel* steht meist zu Beginn einer Auslegung, öfter in Bezug auf die vorige Strophe, wenn eine Strophe Ausdeutung und *bîspel* nicht faßte. Daneben kann es auch die Bedeutung von Sprichwort haben (Stolle,HMS III,9: 37,12). *getihte, tihte, tihten* ist in der Sangspruchdichtung noch selten. Daß diese Wörter auf vollständige, aus mehreren Strophen aufgebaute Gebilde hinzielen wie bei Heinrich von Mügeln (Stackmann 1958, S. 63f.), ist nicht zu erkennen. Ihre Tätigkeit umschreiben die Dichter aus J gewöhnlich mit der Formel *singen unde sagen* und ihren entsprechenden Abwandlungen *singen unde sprechen, singen unde tihten,* gelegentlich auch mit *singen* allein, wobei, wie oben schon bemerkt, *singen* auch den Text einschließt.

Fazit: Der Terminus *spruch* als Gattungsbezeichnung entspricht nicht hochmittelalterlichem Gebrauch, erst für Dichtungen späterer Autoren (etwa für die des Teichners) wird er üblich.

Den Begriff (und seine Bezeichnung) ›Spruch‹ führte also K. Simrock (1833) in die Literaturwissenschaft ein. Als konstituierendes Merkmal betrachtete er die Vortragsart (»mehr recitativ oder parlando vorgetragen«, S. 175), die Einstrophigkeit und den politischen

oder geistlichen Inhalt. Er hat mit diesem Begriff aber auch die
herkömmliche Einteilung der mhd. Lyrik geschaffen, die bis heute
(wenn auch nicht alle) Literaturgeschichten beherrscht. Seit Simrock
teilte man die mhd. Lyrik in drei Gattungen: Liebes- bzw. Minnelied, Spruch, Leich.

Die Diskussion über den Begriff und der damit verbundene Gat-
tungsdiskurs ist jedoch nie ganz verstummt. Roethe (1887, S. 258,
Anm. 315) fand »Simrocks Scheidung [...] in jeder Beziehung
höchst praktisch und fruchtbar«, H. Schneider (1928, S. 287)
sprach dagegen zumindest in Blick auf die terminologische Situation
von einer »der ärgsten Unzulänglichkeiten unserer literarhistorischen
Terminologie«. Eine entscheidende Revision begann aber erst 1954
– und wieder begann sie in der Walther-Philologie. Damals erschien
Friedrich Maurers Buch: *Die politischen Lieder Walthers von der Vogelweide*, in dem er konsequent jeden Spruchton Walthers als »liedhafte Einheit« interpretierte und forderte, den Spruch aus seinem
Einzeldasein herauszureißen und im Zusammenhang des ganzen Tones zu verstehen. Der Terminus ›politisches Lied‹ war also program-
matisch gemeint. Einmal im Hinblick auf die Inhalte, zum anderen
im Hinblick auf die Form. Das Echo, das sein Buch fand, zeigte,
daß es um mehr ging als um eine neue Sicht der Sprüche Walthers:
Maurer leugnete die klassische Dreiteilung der mhd. Lyrik und damit die Existenz einer eigenständigen Gattung, die seit Simrock
›Spruch‹ geheißen hatte.

Die Auseinandersetzung mit Maurers Buch konzentrierte sich im
wesentlichen darauf, den Sangspruch zu definieren, indem sie den
Unterschied zwischen Spruch und Lied (=Minnelied) herauszuarbeiten versuchte. Dies war und ist mit letztlich noch nicht gelösten
Problemen verbunden. Der Leich, aber auch das Lied, lassen sich
ohne größere Schwierigkeiten begrifflich bestimmen; dagegen ist die
Definition des Sangspruchs problematisch, denn er besitzt nicht die
thematische Geschlossenheit des Liedes oder die klaren formalen
Merkmale des Leichs. Vielmehr verbergen sich hinter dieser
Bezeichnung thematisch heterogene Texte, die zudem in ihrer über-
strophischen Organisation mehrdeutig sind. Hinzu kommt wie bei
der anderen Großgattung der Zeit, der *rede*, eine in Blick auf die
Gattung differenzierte Binnengliederung.

Die von Simrock herausgestellten konstituierenden Merkmale
(Vortragsart, Einstrophigkeit, politischer oder geistlicher Inhalt) haben – darüber erzielte die Diskussion Einigkeit – nur eingeschränkte
Geltung, zumal er den ›Spruch‹ als Problem der Walther-Philologie
betrachtete und ihm damit einen bestimmten historischen Zeitraum

zuwies, Fragen der Entstehung und Weiterentwicklung des ›Spruchs‹ hingegen unberücksichtigt ließ.

Überblickt man die ganze gattungsbildende Textreihe, wie sie sich vor allem in der Manessischen Handschrift (C) und in der Jenaer Liederhandschrift (J) darstellt, und beschränkt man sich auf philologisch unzweideutig ermittelbare Kriterien, ergeben sich für den Sangspruch folgende invariante Elemente, die auch vor und nach Walther konstitutive Geltung haben:

a) Der ›Spruch‹ ist g e s u n g e n e, s t r o p h i s c h e Dichtung.
b) Seine Strophen besitzen eine relative Geschlossenheit. Sie tendieren von Anfang an zu m e h r s t r o p h i g e n Verbänden, geben allerdings die Existenzform der Einzelstrophen nie ganz auf.
c) Er ist in seinem thematischen Kern W e i s h e i t s l i t e r a t u r, die zum richtigen Verhalten in der Welt anleiten soll. Seine Intention ist B e l e h r u n g.

Diese Merkmale legen zwar einen weiten (formalen und wirkungsbestimmten) Rahmen fest, gestatten aber (zumal wenn man Gattungen als prozeßhafte Erscheinungen versteht) individuelle oder zeittypische Ausformungen, die über die Reproduktion des Grundmusters hinausgehen. Auf der systematischen Ebene ermöglichen sie eine klare Abgrenzung gegenüber dem Leich und didaktischen, nicht gesungenen Dichtungen in Reimpaaren.

Didaktische, nicht gesungene Dichtung in Reimpaaren umschreibt, was H. Schneider (1928, S. 288) unter ›Sprechspruch‹ zusammenfaßte. Es handelt sich um eine amorphe Großgattung, deren Texte nur drei gemeinsame Kennzeichen aufweisen: sie sind in Reimpaaren abgefaßt, werden gesprochen und verfolgen eine lehrhafte Absicht. Für eine differenzierte literaturwissenschaftliche Betrachtung der mhd. und spätmhd. didaktischen Dichtung ist solche terminologische Zusammenfassung mehrstrophiger lyrischer, epischer und halbepischer Kleinformen wenig hilfreich. Reduziert man andererseits das Textcorpus auf Dichtungen, welche in Ethos und Themenwahl, aber auch von den Sozialdaten der Dichter her deutliche Verwandtschaft zur Sangspruchdichtung zeigen, die aber gesprochen und nicht gesungen wurden, dann bleiben nur Texte weniger Autoren übrig: Im 13. Jahrhundert sind es eigentlich nur die Sinnspruchreihen Freidanks, die aber – wie die Überlieferungsgeschichte zeigt – schon die unmittelbar folgenden Generationen als einen spezifischen Typus betrachten, und im 14. Jahrhundert die Reimreden des Teichners, für die ähnliches wie für Freidanks Œuvre gilt, und Suchenwirts.

Fließend bleibt dagegen die Grenze zum (Minne)lied, das ja ebenfalls einen wesentlichen Teil der höfischen Tugendlehre darstellt.

Man hat gelegentlich behauptet, Minnesang sei nur auf der literalen Ebene Frauendienst. In Wirklichkeit stehe die *frouwe* zeichenhaft für den Hof und Frauendienst sei darum Dienst an der Gesellschaft und ihrer obersten Spitze. Folglich unterscheide sich der Minnesang von der Intention und z.T. auch von der Funktion her nicht vom Sangspruch. Dies mag letztlich so sein, aber die Diskussion um ›Lied‹ und ›Spruch‹ muß zuerst mit poetologischen Argumenten geführt werden. Allgemeine Brückenschläge wie der obige helfen zunächst nicht weiter.

Konkret kann man erst einmal zwei brauchbare Unterscheidungsmerkmale registrieren, die aber auch nur spezielle Ausprägungen der Merkmale a–b darstellen und damit als Kriterien für eine Scheidung Lied – Spruch nur beschränkt taugen.

1. Das (Minne)lied hat jeweils seinen e i g e n e n Ton, d.h. der Sänger erfindet zu jedem Lied eine neue Form (das *novitas*-Prinzip der Provenzalen!). Im Sangspruch dagegen kann der Autor auf bekannte Melodien zurückgreifen, so daß der Ton über die einmalige lyrische Aussage hinaus Wiederverwendung findet. Da aber auch bei den Sangspruchdichtern das *novitas*-Prinzip der Töneverwendung Platz greift und ambitionierte Meister mit selbstgeschaffenen Tönen vor das Publikum treten, taugt es wohl eher zur Binnendifferenzierung der Sangspruchdichtung als zur Unterscheidung von ›Lied‹ und ›Spruch‹.

2. Im Lied schließen sich die Strophen unter dem Generalthema Minne zu größeren Gesätzen (von allerdings unfester Strophenzahl und -folge) zusammen, während der Sangspruch thematisch disparate Strophen zu größeren (manchmal sicher problematischen) Einheiten verbindet. Die Mehrstrophigkeit erwächst dabei aus der Einheit der Melodie und des Anlasses, nicht aber, modernen Empfindungen entsprechend, aus der Einheit des Themas. Diese Mehrstrophigkeit kann sich in variablen Einheiten ausdrücken, die von der Vortragssituation gesteuert werden; d.h. es handelt sich um eine offene Form, die durch Addition, Subtraktion, Umstellung der Strophen in ihrer Performanz, aber auch in ihrer inhaltlichen Substanz verändert werden kann.

Ob diese Erscheinungsformen noch weiter modifiziert werden können, so daß man zwischen einer »echten Mehrstrophigkeit« im Minnelied und einer bedingten in der Sangspruchdichtung unterscheiden könnte, ist fraglich. Ruhs These (1968), Sangspruchdichtung als Addition einzelner, in sich selbständiger Einheiten als eigenständigen Entwurf dem Minnelied, in dem die Strophe integriert und verklammert ist und die Abfolge durch Sukzession statt durch Addition sich ergibt (»Perlen an einer Schnur, nicht Ringe in der Kette«) entgegenzusetzen, beschreibt letztlich auch nur eine Tendenz. Strophenaddition kennt auch das Minnelied und Sukzession, d.h. Entwicklung eines Themas über mehr als eine Strophe ist auch der Sangspruchdichtung nicht fremd. Nach den Überlegungen des vorigen Kapitels, aber auch in Hinblick auf neuere Fragen zu Autor und Authentizität bleibt es zumindest offen, ob die Frage nach ›Spruch‹ oder ›Lied‹ inzwischen als beigelegt gelten darf und ob K.Ruh das letzte Wort gesprochen hat.

Auch andere Grenzziehungen zwischen Lied und Spruch erweisen sich als unbefriedigend, da immer wieder Ausnahmen und breite Grenzsäume konstatiert werden müssen. Dies gilt besonders für den Bau der Strophe und für das Verhältnis von Strophe und Lied. Mit Blick auf den ersten Punkt hat sich in der Forschung die Überzeugung durchgesetzt, daß sich Lied und Spruch zunächst formal recht nahe standen, sich aber im Laufe der Gattungsgeschichte auseinanderentwickelten: das Lied zur leichten, filigranhaften Form, der Sangspruch zu wuchtigen, ausladenden Kunstformen. Dies ist aber nicht mehr als eine Tendenzbeschreibung, wie statistische Untersuchungen unschwer beweisen können (vgl. Tervooren 1967, S. 95ff.). Weiter wird das dem (Sang)spruch eigene Strukturprinzip der Pointe gegen die Mehrstrophigkeit angeführt. Aber auch das ist kein ausschließendes Argument (wenn man nicht wie Ruh (1968) die Mehrstrophigkeit in Lied und Sangspruch für eine wesensmäßig andere hält). »Die inhaltliche selbstständigkeit ist auch bei den liedstrophen auffällig groß, nur ein geringer bruchteil aller liedstrophen ist eindeutig dem wortlaut nach als unselbststständig gekennzeichnet« (Ipsen 1933, S. 406). Daß auch die Strophe des Minneliedes relativ selbständig ist, beweist darüber hinaus die unterschiedliche Strophenanordnung einzelner Lieder in den verschiedenen Überlieferungsträgern. Denn so übereinstimmend in den großen Überlieferungsträgern des Minnesangs der Wortlaut der Strophen ist, so disparat sind die Strophenanordnungen, wenn mehrere Handschriften an der Überlieferung eines Minneliedes beteiligt sind (Tervooren 1993, S. 22ff.). Bei beiden Erscheinungen eröffnen sich Bereiche wechselseitiger Abhängigkeit und Beeinflussung, möglicherweise in Verbindung mit Veränderungen der kommunikativen Intentionen. Manche, besonders spätere Autoren, verfassen Töne, in denen sich Lied- und Spruchhaftes formal und inhaltlich völlig durchdringen (Neidhart, der Tannhäuser, besonders aber Konrad v. Würzburg). Ansätze dazu zeigt aber auch schon Walther in seinem Preislied

(56,14), das etwa Fr. Maurer in seiner Ausgabe ganz selbstverständlich zu den Liebesliedern stellt. Walther spricht hier mit der Autorität des Weitgereisten, heischt unverblümt *miete* (zentrale Motive des Sangspruchs), er preist die Menschen in Deutschland, ihre ethischen Qualitäten und ihre Sprache. Zum Minnelied wird das sog. Preislied durch einen kurzzeitigen Rollenwechsel in der 2. Strophe und durch die minnesängerische 6. Strophe, die aber im Gegensatz zu den Strophen 1-5 mit drei bzw. vier handschriftlichen Beglaubigungen nur in e i n e r Handschrift erscheint – und eben durch die liedhafte Form. Hier macht ein Sangspruchdichter Minnesang (Hahn 1986). Man könnte noch nach Graden der Öffentlichkeit differenzieren oder mit Sprechhaltungen argumentieren: Belehrend, argumentierend, konstatierend verfährt der *meister*, sein Ich inszeniert der *minnesinger*. Aber auch diese Beobachtung erlaubt keine scharfe Grenzziehung.

Relative Unterscheidungsmerkmale liefert die noch spärliche musikhistorische Forschung, die (zumindest bei einzelnen Vertretern) auch von einer Einteilung der mhd. Lyrik in Leich, Lied, Sangspruch ausgeht. Eine systematisch vergleichende Analyse von sog. Spruchmelodien und (Minne)liedmelodien ist allerdings bisher nicht veröffentlicht worden. Die Unterschiede, die die Musikhistoriker herausarbeiten, sind durch exemplarische Vergleiche an ausgewähltem Material gewonnen. Sie scheinen Simrocks Merkmale der Sangspruchmelodien (mehr parlando bzw. rezitativ) zu bestätigen: Der Sangspruch folgt demnach offensichtlich rezitativischen Grundprinzipien, während das Minnelied melodiöser gestaltet ist. Höver / Kiepe (1978, S. 26) sprechen von der ›Spruchmelodie‹ als »einer Mitteilungsform, die von vornherein dazu bestimmt war, unterschiedliche Inhalte aufzunehmen« (Einzelheiten s. Kap. X). Eine Bestätigung steht allerdings noch aus und es bleibt die Frage: Ist dieser Unterschied (neben anderen) gattungskonstituierend, oder handelt es sich um graduelle Unterschiede in der Ausformung der sangbaren strophischen Lyrik der mhd. Zeit?

Für eine entschiedene Gattungsdifferenz spricht allein die Überlieferungs- und Rezeptionsgeschichte der mhd. Lyrik. Die Jenaer Liederhandschrift (J) nimmt von Dichtern, die in der Hs. C auch als Minnedichter ausgewiesen sind (Konrad von Würzburg, Frauenlob u.a.), nur die Sangsprüche auf. Offensichtlich setzen die Meistersinger diese Tradition fort, denn sie rezipieren nur Sangspruchdichter (Brunner 1975, S. 3f.). Man muß in diesem Zusammenhang auch noch einmal unterstreichen, daß eine Personalunion zwischen Minnesänger und Sangspruchdichter (falls die Überlieferung den Sachverhalt nicht verzerrt) doch relativ selten ist. Auch in dieser Hinsicht hat Walther nur wenige Nachfolger gefunden. Zu verweisen wäre auch noch auf die Überlieferungsform der Rolle, in der einige Sangsprüche überliefert sind (s.o. Kap. II). Rollen dienen der Aufzeichnung unliterarischer Texte und könnten wegen ihrer Handlichkeit der Lebensform der Fahrenden angemessener gewesen sein als der Codex.

Zieht man aber über rein philologische Kriterien hinaus auch die soziale Stellung ihrer Träger zur Unterscheidung mit heran, dann zeigt es sich, daß der Minnesang Domäne adeliger Dilettanten ist – ›Hofsässigkeit‹ ist wohl Voraussetzung –, der Sangspruch dagegen vor allem von Berufssängern unbestimmter Herkunft gepflegt wurde (vgl. oben S. 32f.). Allerdings gründet sich eine solche Unterscheidung stärker auf sicheres Wissen um die Herkunft e i n i g e r (sicher nicht aller) Minnesänger aus Adel und Ministerialität als auf irgendwelche verläßliche Nachrichten über die Standesverhältnisse der Sangspruchdichter. Daß aber im Laufe des 13. Jahrhunderts auch Sänger, die ursprünglich *niht minnesanges wert* waren, sich dieses Genres annehmen, bekunden immanente Zeugnisse wie die Polemik des Baumburgers gegen den, der *getragener kleider gert* (SMS 28,6,III,13f.), oder Friedrichs von Sonnenburg Begründung, warum er nicht von Minne singe (73).

Die Befunde, so kann man zusammenfassend sagen, sind nicht eindeutig. Man mag auf einer reinen Theorieebene zu dem durchaus einsichtigen Schluß kommen, daß eine »strikte Zweiteilung [...] etwas Zusammengehöriges terminologisch auseinanderreißt« (Müller 1990,S. 512). Man wird aber andererseits kaum leugnen können, daß in der konkreten literaturwissenschaftlichen und literaturvermittelnden Arbeit eine Unterscheidung zwischen Lied und Sangspruch praktisch und produktiv ist. Mit anderen Worten: Für die Beschreibung und für die wissenschaftliche Kommunikation leistet die (terminologische) Zweiteilung ihre Dienste, nicht hingegen für eine strenge Systematik.

Mit Blick auf neuere Überlegungen zur Editionstheorie und -praxis – Unfestigkeit des Textes und seine Bewegung zwischen den verschiedenen Überlieferungsträgern sind hier die Stichworte – wird man im übrigen die Frage noch einmal überdenken müssen. Wenn selbst beim (Minne)lied im Gebrauch viele Strophenfolgen möglich sind, stellt sich zumindest die Frage nach der Mehrstrophigkeit mit ihren Problemen der Strophenfolge und -zahl neu. Jedenfalls kann man nicht mehr so selbstverständlich und unreflektiert dem Minnelied ›Liedhaftigkeit‹ und ›echte Mehrstrophigkeit‹ attestieren und sie

der Sangspruchdichtung absprechen, wenn im Gebrauch bei beiden
Ausprägungen der mhd. Lyrik die Ausweitung von der Einstrophigkeit zur Mehrstrophigkeit gleiche Probleme in sich birgt.

IX. Stil und Argumentation

Es kann nicht Aufgabe dieses Kapitels sein, einen Katalog aufzustellen, der alle Stil- und Argumentationsformen des Sangspruchs registriert und auflistet und Roethes Katalog (1887, S. 258-351) ersetzt. Es muß vielmehr eine Auswahl getroffen werden, die symptomatische und konstitutive Elemente sammelt. Wichtig ist es darüber hinaus, herauszuarbeiten, daß die stilistischen Formen und die argumentativen Strategien des Sangspruchs durch die der Gattung eigenen Intentionen bedingt sind, denn diese können nur über wirkungsbezogene Sprache dem Publikum vermittelt werden, einem Publikum, das dem Sänger oft nur unverbindlich gegenüberstand, da er keine sozial begründete Autorität besaß. Der Meißner hat die primäre Intention des Sangspruchdichters auf die schon oben zitierte klassische Formel gebracht:

> *Ich bin ein lerer aller gůten dinge*
> *unde bin ein ratgebe aller tugent.* (XV,4,2f.)

Mit dieser Definition der Dichterrolle und der Gattungsintention steht er in einer Tradition, die bis in die Anfänge, bis Spervogel (MF, AC 9) zurückgreift. *lêren* ist aber nicht simple Wissensvermittlung. Es ist an Situationen gebunden, an Aufführungsbedingungen, konkret an den Liedvortrag (Vortragsmündlichkeit) und an die dem Lied eigentümlichen Bauformen, die auch stil- und argumentationsbestimmend sind.

Es ist in diesem Zusammenhang der Erwähnung wert, daß sicherlich gattungsbedingt explizite Formen des Lehrens (Streitgespräche, Lehrer-Schüler-Dialoge u.ä.) in der Sangspruchdichtung selten sind. Sie gehören zwar zu den Inszenierungsformen des Sangspruchs, aber der Sangspruchdichter legt seine Strophen lieber diskursiv an, so daß der Hörer im Nachvollzug des Diskurses zum Gesprächspartner wird. Beispiele expliziter Lehrformen wären etwa das Keie-Gawan-Gespräch (HMS II,152f.), das C unter dem Namen des Tugendhaften Schreibers und J unter Stolles Namen überliefert, Streitgespräche zwischen personifizierten Lastern und Tugenden (etwa *ere-schande* Kelin HMS III,23:3-4; *warheit-unwarheit* Stolle HMS III,10:40) u.a.

Mit der didaktischen Intention verbindet der Sangspruchdichter aber auch gesellschaftliche und persönliche Anliegen: Er benutzt die Gattung als Medium künstlerischer Selbstdarstellung (Autoritätsauf-

bau und -sicherung) – die ist in der Regel apologetisch – und als
Mittel zum Erwerb des Lebensunterhaltes. Die mit persönlichen
Anliegen verbundenen Wirkungsabsichten können durchaus ka-
schiert sein, gelten aber in allen gattungstypischen Themenberei-
chen und bewirken letztlich in der Gattung eine Gleichmäßigkeit
des Stils, die von Walther bis Frauenlob zu beobachten ist. Vergleichbar sind Textsorten, die wie die Sangspruchdichtung auf
Publikumsbeeinflussung und Sympathielenkung angelegt sind, ins-
besondere die eigentlichen publizistischen Medien des Mittelalters,
die Streitschriftenliteratur und die Predigt, wenn auch die der *kunst*
verpflichtete Sangspruchdichtung subtilere Strategien entwickelt.

Huber (1977) spricht im Rahmen spruchmeisterlicher Begriffs-
darstellung vom »r e i h e n d e n« und »g l i e d e r n d e n Strophentyp«
(S. 63). Wenn man die Begrifflichkeit nicht preßt und Übergänge
(etwa die gleichzeitige Verwendung beider Typen in einer Strophe)
in Rechnung stellt, ließen sich diese Typen durchaus verallgemeinern. Dem Mitteilungsdrang der Sänger und dem Stoffhunger
des Publikums entgegenkommend, herrscht im reihenden Typ die
H ä u f u n g und die R e i h u n g von Wörtern, Wortgruppen und Sätzen, sowohl in der Form der *congeries* als auch in der der *enumeratio*.
Syntaktisch gestützt werden diese Formen der Amplifizierung durch
das A s y n d e t o n, strukturell durch den P a r a l l e l i s m u s und klang-
lich durch die A n a p h e r (eine breite Belegsammlung: Roethe 1887,
S. 295-317). Die langen, in sich geschlossenen Verse der späteren
Sangspruchdichtung eignen sich für diesen Typ besonders. Solche
reihenden Strophen können zu reinen Tugend- und Lasterkatalogen
oder zu Wissensregistern werden (Boppe HMS II,382f:24-26, s. weiter Roethe 1887, S. 318). Andere umspielen in ständiger V a r i a -
t i o n von Begriff, Gedanke, Bild und Perspektive ihr Thema (dabei
durchaus alte Muster abändernd und so Aussagen differenzierend)
oder führen es zu einer überraschenden, die Gemeinsamkeit aufdek-
kenden Pointe (Priameln, dazu oben Kap. V) – insofern hat auch
dieser Typ eine systematische Seite. Den Hörern verlangt er assozia-
tive Folgerungen und spontane Gedankenkombinationen ab.

Der gliedernde Typ legt dagegen größeren Wert auf gedankliche
Kohärenz. Er nutzt stärker die Möglichkeiten des Strophenbaus und
seine durch Text- und Melodiestruktur festgelegten Zäsuren. Er
führt so oft zu einem drei- oder vierschrittigen Argumentationsauf-
bau (Stollen, Abgesang, Reprisestollen). Rhetorisch wird diese Form
von A n t i t h e s e n und gezielten V e r g l e i c h e n getragen, ar-
gumentativ durch Ableitungen und Schlußfolgerungen. Ein gutes
Beispiel ist Rumelants IV. Ton. Er hat folgenden Aufbau:

Textmetrische /	Musikalische Gliederung
Aufgesang	
1. Stollen A7w a A6w b	α β
2. Stollen A7w a A6w b	α' β
Abgesang	
1. Teil A7w c A2m d A7w c A2m d	γ δ γ' δ'
2. Teil A6w e A6w e	β' β"

Diese Gliederung stützt einen drei- oder viergliedrigen Argumenta-
tionsschritt. Dreigliedrig ist etwa die Strophe IV,16 (HMS III,58):

1. Stollen: Der Sänger weigert sich, für Geizige zu singen.
2. Stollen: Er will lieber um die Gabe der *milten* bitten.
Abgesang: Verurteilung der *kargen*, weil sie sich, ohne Scham zu
            empfinden, den *milten* gleich wähnen.

Viergliedrig, die musikalische Stollenrepetition ausnützend ist die
Strophe IV,14 (ebd.) strukturiert:

1. Stollen: Feststellung, daß auf einen quälend heißen Sommer ein
             kalter Winter folgen wird.
2. Stollen: Im Winter füttert man die Windhunde.
Abgesang
1. Teil: Er verbindet die Aussagen der Stollen: Hungern die
             Hunde im Sommer, dann taugen sie im Winter nicht.
2. Teil: Übertragung und Deutung.

Unter den 15 Herrenlehre-Strophen des Tons finden sich nur vier,
in denen im Aufbau der Gedankenschritte die Liedform als struk-
turierendes Moment unberücksichtigt bleibt oder nur als lockere
Orientierungshilfe benutzt wird. Auch hier ist der Schluß betont,
aber weniger durch die Pointe als durch das Fazit des Diskurses.
(Beispiele: Huber, 1977, S. 67)

In der Antithese und im Vergleich werden die Grundmuster
spruchmeisterlichen Argumentierens, die Kontrastierung und die
Beweisformen *per analogiam,* besonders deutlich. Hinzu kommt das

exemplum. Gut und böse, Ideal und Wirklichkeit, einst und jetzt, Schein und Sein bzw. Tugend und Laster sind die wichtigsten Oppositionen. Natürlich gehört auch die *laudatio temporis acti* zu den Kontrastformen. Der Kontrast mag ausgeführt werden, oder es wird der Hörer durch die Schilderung des Vorbildes angeregt, das Gegenbild selbst zu produzieren.

Beim Argumentieren *per analogiam* geht es in der Regel darum, das eigentlich Gemeinte aus etwas Ähnlichem (Vergleich) oder in bezug auf etwas Ähnliches (Analogie) zu entwickeln. Das Regel-Fall-Schema benutzt schon die vorliterarische Spruchdichtung und Spervogel als Einzelbeispiel oder als anaphorisch gereihte Beispielkette. Analogisch verfährt etwa Rumelant, wenn er im Herrenpreis (HMS II, 370: 6) Wortschatz und Motivik des Minnesangs aufgreift und so Herren- und Frauendienst in Beziehung setzt und durch Überbietung dem Herrendienst Würde verleiht. Solche Parallelvorgänge, die positive oder negative Wertungen ermöglichen, provozieren natürlich auch Bild, Exempel, Gleichnis, kleinere eingelegte Szenen oder breiter ausgeführte Vergleiche, ob sie nun als Beleg in die Argumentation eingestellt sind oder detailliert Zug für Zug ausgedeutet werden. Diese Formen kommen der mittelalterlicher Didaktik innewohnenden Neigung zur Verschlüsselung und Verrätselung (*integumentum*) entgegen, die auch in der Sangspruchdichtung immer stärker um sich greift und in den dunklen Strophen des wilden Alexanders oder im geblümten Stil Frauenlobs ihren typischen Ausdruck findet.

Das Bild ist schon seit Herger eines der charakteristischen Stilmittel des Sangspruchs (nicht nur als Mittel poetischer Veranschaulichung, sondern auch als Träger der *significatio*, der *bezeichnunge,* Verweis auf die eigentliche Wirklichkeit), aber erst Frauenlob zeigt mit seiner überquellenden Bildfülle die ganzen Möglichkeiten dieser ausdruckvollsten Figur uneigentlichen Sprechens.

Die *exempla*, die Beispielgestalten bzw. Legitimationsfiguren (*imagines*), nehmen die Dichter aus Bibel, Literatur, Natur und Geschichte. Hier hatte die Tradition lehrhafter lateinischer, aber auch volkssprachiger Dichtung Reihen von beispielhaften, aber auch warnenden *imagines* bereitgestellt, auf die die Sangspruchdichter schon in den Anfängen der Gattung zurückgreifen. Herger (MF I,1) nennt *Fruote* als Vorbildfigur mildtätigen Verhaltens, Walther (19,23) greift dafür auf den historischen Saladin zurück, Sigeher (HMS II,362:IV,2) führt als beispielhafte Repräsentanten fürstlichen Verhaltens Fruote, Salomon und Artus an. Am ausführlichsten ist – wie so oft – Boppe (HMS II,382:22), der mehr als ein Dutzend

Beispielfiguren für einzelne menschliche Eigenschaften und Verhaltensweisen nennt. Nicht immer müssen die Vergleichspunkte expliziert werden. Über solche »religiöse und literarische Modelle« (Brunner 1991, S. 312) können Autor und Publikum jederzeit verfügen. Sie beziehen es »auf einen vorausliegenden, allgemein bekannten und ehrfürchtig anerkannten Vorgang, gewissermaßen auf eine präexistente, bereits geformte und bewertete Wirklichkeit« (ebd.). Für den modernen Interpreten sind sie allerdings oft eine *crux interpretationis*. Walthers ›Magdeburger Weihnacht‹ (19, 5) oder Bruder Wernhers (Schönbach 1) Stellungnahme zur Auflehnung Heinrichs VII. gegen seinen Vater Friedrich II. sind Beispiele dafür.

Auch das Etymologisieren (Beispiele Roethe 1887, S. 121 und Stackmann 1958, S. 111) gehört zu diesen beglaubigenden Argumentationsformen, da es ja nach der Anschauung der Zeit den Zugang zum Wesen der gemeinten Sachen öffnet (vgl. auch Curtius 1948, S. 486-490). So preist Rumelant Christus als *herzoge*, weil er *dem her gezogete vor* (HMS III,60:5,7), oder spielt etymologisierend mit Namen von Gönnern (ebd. 61:8).

All diese Formen dienen dem spruchmeisterlichen Bedürfnis nach Reflexion und Argumentation und sind Mittel im Meinungsprozeß. Sie dienen vor allem als positive oder negative Beweisformen, als absichernde Präzedenzfälle oder als Verweise auf eine höhere Wirklichkeit. Selten sind sie nur ästhetisches Spiel. Hier halten die Sangspruchdichter sich merklich zurück. Die wenigen Beispiele (etwa Meißners Vexiergedicht VII,4 oder Wortspielereien wie Sonnenburg 71) sind eher Ausweis meisterlichen Könnens als Ausdruck von Spielfreude.

Neben diesen allgemeineren Argumentations- und Beweisformen muß man auch eine themenspezifische Argumentation anführen. So provoziert die Diskussion um die *milte* immer wieder ein Argumentationsnetz, in dem Herren- und Christenpflicht als Begründung zum Geben angeführt oder *gotes hulde* bzw. die Liebe der Gefolgsleute als Lohn für Freigebigkeit in Aussicht gestellt wird. Diese Argumentation kann explizit in Konditionalschemata oder in Regel-Fall-Sequenzen erfolgen, aber auch so formuliert werden, daß der Hörer genötigt ist, die Konsequenzen für sich oder für die Gesellschaft selbst zu bedenken. Wiederum ist es das Exempel, die kleine Szene, die den Sachverhalt illustriert.

An der Bekräftigung der Autorität seiner Aussagen ist der Sangspruchdichter ständig interessiert, da er damit zugleich seinen persönlichen Wert sichert und steigert. Sofern dies sich nicht schon aus

der Geltung der benannten Normen ergibt (Sachautorität), dient
dazu vor allem das Typisieren. Lob und Schelte gilt darum nicht
dem Individuum, sondern Haltungen oder Handlungsweisen
repräsentierenden Typen, denn nur so bleibt die Strophe auf jeden
beziehbar. Die Technik des Typisierens entspricht somit der
moraldidaktischen Intention der Texte: Sie sind auf Verallgemeine-
rung angelegt und wollen über den Einzelfall hinaus gültige Maßstäbe setzen bzw. an solche anknüpfen. Verallgemeinernde Aussa-
gemuster (*swer-der, swâ-dâ, swenne-sô-* Gefüge), der Bezug auf Auto-
ritäten oder auf eine *opinio communis,* religiöse Fundierung von Situationen in Bildern und Begriffen dienen diesem Zweck ebenso
wie Personifizierungen von Tugenden und Lastern, oft verbunden mit Apostrophen (Belege s. Roethe 1887, S. 215ff.), und
Wahrheitsbeteuerungen. Auch hier ist die Nähe zur *ars praedicandi*
zu fassen.

Weitere stilistische und argumentative Merkmale des Sangspruchs lassen sich aus den unsicheren sozialen Verhältnissen der
Autoren herleiten: Der Sänger muß das Publikum für sich einneh-
men und entsprechende Persuasionsstrategien entwickeln. Dazu
benutzt er vor allem den Stropheneingang und den Strophenschluß. Mit dem ersten Satz sollte er die Aufmerksamkeit
seiner Hörer gewonnen haben. Will er die Lehre im Gedächtnis
seiner Zuhörer verankern, muß der Strophenschluß besonders
markiert sein. Für beide Fälle haben die Sangspruchdichter verschiedene Formen entwickelt. So kann man bei der Texteröffnung
zwischen wertenden und berichtenden Stropheneingängen
unterscheiden. Erstere sind gern mit emotionalen Sprechakten
(Warnung, Fluch, persönliche oder standesbedingte Lebenserfahrung, oft als Ich-Aussage, um die Autorität des Weitumherge-
kommenen einzubringen) verbunden. Das Sprichwort, die Regel
oder ganz allgemein ein Erfahrungssatz (hier erspart der Autor sich
lange Erklärungen, er kann an Bekanntes und Gültiges anschlie-
ßen) leiten schon zu berichtenden Stropheneingängen über, die
Zeitumstände, Verhaltensweisen und Situationen beschreiben oder
kleinere Erzählungen anführen. Abschließende Lehre oder das
Werturteil sind ein der Intention der Gattung adäquater Schluß
(auch in diesem Zusammenhang stark emotionalisiert als Anklage,
Rüge oder Verwünschung), aber auch der direkte oder indirekte
Appell. Formal kann ein solcher Schluß als *conclusio,* als Pointe
oder als Fazit gestaltet sein.

Vor diesem gemeinsamen Hintergrund entwickeln die einzelnen
Autoren natürlich auch individuelle Stilmerkmale. Das mag sich bei

dem einen in der individuellen Auswahl aus den Registern spruchmeisterlicher Sprachmuster zeigen (wie etwa bei Reinmar von Zweter die häufige Gestaltung der Personifikation oder bei Boppe die
ausgesprochene Vorliebe für anaphorische Reihungen und Namenskataloge) oder im dichterischen Selbstbewußtsein wie in der
dezidierten Ich-Form, in der Walther seine aktuellen Sangspruchstrophen darbietet. Diese Bemerkung gilt natürlich auch für die
poetischen Techniken in den einzelnen Inszenierungsformen des
Sangspruches, die in der Tradition alter affiner Gattungen stehen,
etwa bei gewissen religiösen Strophen, die sprachliche und argumentative Elemente des Gebets oder des Gottespreises aufnehmen,
oder bei Strophen des Herrscherpreises, welche in der Tradition des
genus demonstrativum stehen.

Im übrigen muß man gerade in diesem Kapitel betonen, daß der
Sangspruch an den öffentlichen Vortrag gebunden war, also an eine
Situation, deren genaue Umstände dem modernen Interpreten verschlossen bleiben, wenn nicht vertextete Aufführungssignale zu erkennen sind. Kommunikationsvorgänge, die zur Unterstützung
sprachlicher Mitteilungen auditive oder visuelle Mittel einsetzen,
können darum oft nicht voll ausgeleuchtet werden (s. dazu Kap. X).
Ein Beispiel ist etwa die Ironie (einschließlich Selbstironie), die Walther und Reinmar von Zweter in ihren Inszenierungen politischer
Strophen gerne verwenden.

X. Zur Musik und zur Aufführung des Sangspruchs

1. Allgemeines zur Musik des mittelalterlichen Liedes

Für die Sangspruchdichtung ist die Melodieüberlieferung im Vergleich zum Minnesang günstig. Sie kann daher auf die Kontrafaktur-Forschung weitgehend verzichten. Wenn auch die Zahl der überlieferten Melodien gegenüber den rund 4000 Melodienaufzeichnungen des provenzalischen und altfranzösischen Liedes merklich magerer ausfällt (Einzelheiten vgl. Kap. II), gestattet sie vor allem wegen der relativen Zuverlässigkeit der Jenaer Liederhandschrift einige allgemeine, aber auch spezielle Aussagen zur musikalischen Form des Sangspruchs.

Zunächst aber sind einige Vorbemerkungen nötig. (Wenn sie weiter führen als in anderen Kapiteln dieses Bändchens, liegt das an der für den Philologen fremden und komplizierten Materie.) Auch neuzeitliche Lyrik verbindet sich der Musik. Jedoch ist dann, zumindest beim Kunstlied, zunächst der Text da, der vertont werden kann, wenn sich ein Komponist seiner annimmt, aber nicht vertont werden muß. Beim mittelalterlichen Lied ist dies nicht die Regel. So wie Dichter und Komponist meist eine Person sind, so entfaltet sich das Lied simultan in seinen sich einander bedingenden Komponenten: Text, Melodie und Strophenform. Die einen werden für die anderen erfunden, und zwar von demselben Künstler. Dies ist der Normalfall, aber auch der Fall, auf den sich das Kunstbewußtsein der Minnesänger und Meister gründet. Daneben kommt es natürlich auch vor, daß die Melodie vor dem Text da ist und ein Text für sie gefunden wird. Die Kontrafaktur (Übernahme beliebter Melodien für neue Texte), über die die Musikforschung viele Melodien zum frühen und hohen Minnesang erschlossen hat, gehört ebenso in diese Kategorie wie die Tonübernahme durch weniger ambitionierte Sangspruchdichter. Melodienübernahme heißt dann aber auch Übernahme der Strophenform.

Auch bei dem Verhältnis von Text, Melodie und Strophenbau gilt es zunächst, moderne Vorstellungen zu korrigieren. Die Musik ist nicht textausdeutend oder gar stimmungsschaffend wie etwa im Lied der Romantik. Die Beziehungen zwischen dem Gehalt des »Gedichtes« und seiner Musik sind vielmehr gering. Über eine allgemeine Typik hinaus läßt sich die Melodie kaum auf den Inhalt der Texte beziehen. Dies gilt in einem besonderen Maße für die Sangspruchdichtung mit ihren umfang- und themenreichen Tönen. Die Musik hat in dieser Zeit andere Funktionen. Sie ist vor allem formgebend und hilft, eine vergeistigte Welt zu schaffen. Sie formt – mehr noch als die literarischen Mittel der Rede – und setzt »den Gedanken aus seinem Alltagsklang in die Welt der Poesie – der Minne, ihres Kultes« (Jammers 1981, S. 171). Damit trägt sie wesentlich zur Freude des Hofes und zum *hohen muot* bei, wie es Gottfried von Straßburg für Reinmar von Hagenau und Walther bezeugt:

> *daz sî ze vröuden bringen*
> *ir trûren unde ir senedez clagen.* (4816f.)

Die Probleme, mit denen Musik- und Literaturhistoriker zu kämpfen haben, erwachsen vornehmlich aus der Art, wie mittelalterliche Lieder aufgezeichnet sind. Die Melodien sind in der Frühzeit in linienlosen Neumen notiert. (Für die Sangspruchdichtung ist das allerdings ohne Belang, da nur eine frühe Strophe *Ubermuot die alte* MF, namenlos 1,V neumiert ist.) Später benutzt man verschiedene Systeme, vor allem die römische Quadratnotation und die gotischen Choralschriften. Was diese Notenschriften verbindet und was den Musikhistorikern Schwierigkeiten macht, nämlich die Aufzeichnungen in musikalische Wirklichkeit umzusetzen, ist das Fehlen von Zeitangaben in den Aufzeichnungen. Die mittelalterliche Notierung einstimmiger Lieder gibt nur relative Tonverhältnisse an und keine Tonwerte, die den Rhythmus bestimmen. Solange es »orale Selbstverständlichkeiten« gab, war dies für die Praxis auch kein Problem. Das wurde es erst im schriftkulturell bestimmten Musikbetrieb.

Die Frage nach der Rhythmisierung gehört darum zu den schwierigsten der Musikgeschichte. Die Musikhistoriker arbeiteten mit verschiedenen Theorien. Einige haben nur noch historische Bedeutung, etwa die textmetrische Theorie, die den musikalischen Rhythmus aus der Textmetrik ableitet (die erste Ausgabe der Melodien aus der Jenaer Liederhandschrift durch E. Bernoulli bediente sich dieser Methode). Auch die sog. Viertakttheorie, die für die über Jahrzehnte kanonisch geltende metrische Auffassung A. Heuslers die Grundlage bildete, und die oratorische Theorie, die Minnesang wie einen Chorgesang in etwa gleichlangen Tönen zelebrieren wollte, sind nur noch wissenschaftsgeschichtlich interessant (Einzelheiten s. Kippenberg 1962, S. 69-87).

Am erfolgreichsten war über viele Jahrzehnte die Modaltheorie. Sie stützte sich auf antike Metren und darauf, daß es auch im Mittelalter mensurierte Musik gab. Ebenso gab es Möglichkeiten, sie aufzuzeichnen, zwar nicht beim einstimmigen Lied, wohl aber bei mehrstimmigen Kompositionen, in denen ungewöhnlich große Stimmenkomplexe zusammengeführt werden mußten. Um die einzelnen Stimmen kompatibel zu machen, bedurften solche Kompositionen zeitlicher und rhythmischer Stützen, die vor allem in der Schule von Notre-Dame in der 2. Hälfte des 12. Jahrhunderts entwickelt wurden. Mit diesen aus der Mehrstimmigkeit gewonnenen Kriterien (eben der modalen Interpretation) deuteten dann die Musikwissenschaftler die einstimmigen Lieder, die ja nach Aussagen mittelalterlicher Musiktheoretiker auch nicht ohne *mensura*, aber *non ita praecise* mensuriert waren (Einzelheiten bei Kippenberg 1962, S. 99-152). Aber modale Notierungen einstimmiger Lieder sind selbst in der überlieferungsreichen Romania selten. In Deutschland gibt es Ansätze in der späten Neidhart-Überlieferung (ein Lied im Anhang der Hs. c, 2. Hälfte des 15. Jh.s). Die Wolkensteinhandschriften (1. Hälfte des 15. Jh.s) führen sie jedoch schon konsequent durch.

Die modale Theorie wurde längere Zeit als gesichert angesehen, wenn auch gerade im Bereich der Metrik (also dort, wo die Interessen der Musik- und Literaturwissenschaftler zusammenliefen) Unsicherheiten blieben (vor allem beim Auftakt und der Kadenz). Heute fragt man jedoch, ob die normierenden Tendenzen der modalen Interpretation (sie erzwingt ja einen regelmäßigen rhythmischen Melodienverlauf) den sprachlichen und metrischen Befunden der Überlieferung und der Vortragspraxis angemessen sind. Wer nämlich versucht, den Text der Folgestrophen der Melodie zu unterlegen, kann immer wieder feststellen, daß Melodie- und Verszeile, Strophenschema und Melodiegliederung nicht zueinander passen wollen. Auftakt und Kadenzen, Silben- und Notenzahlen differieren, selbst feste Strophenteile, wie es die Stollen sind, sind nicht immer deckungsgleich. Melodie- und Textkritiker werden darum immer wieder vor die Frage gestellt, ob es sich um Fehler oder um tolerierbare Varianten handelt. Wer einen metronomisch strengen taktigen Vortrag als Vortragsform des Liedes betrachtet und eine schriftfixierte authentische Melodie ansetzt, ist zu ständigen Eingriffen in die Text- oder Melodieüberlieferung gezwungen. Diese Unsicherheit belastet auch die Zusammenarbeit von Musik- und Literaturwissenschaftlern. Hier scheint jeder von dem anderen die Klärung zu erwarten. Bei der Konstituierung von Texten ist sie jedenfalls bisher – sieht man von der allgemeinen Feststellung prinzipieller Unfestigkeit von Text und Melodie (s.u.), wo weitgehend Übereinstimmung besteht, einmal ab – nicht sehr fruchtbar gewesen. Vielleicht hatte das seine Gründe in der Fixierung der Musikwissenschaft auf die Modaltheorie, die zur Interpretation rhythmisch indifferenter Notenbilder auf den metrischen Befund der Texte angewiesen ist.

Diese Wertungen und Beobachtungen, die durch Beobachtungen an romanischen Liedern, wo oft bis zu zehn Melodiefassungen überliefert sind, und am Leich, der durch seine Repetitionsvielfalt ein fruchtbares Beobachtungsfeld ist, gestützt werden, geben der Auffassung E. Jammers (1924/25) wieder Auftrieb, daß die Textmetrik mehr oder weniger frei umgesetzt werden müsse (rhapsodische Theorie). Fragen nach der Absicht des Sängers, Überlegungen zur Aufführbarkeit, vor allem aber Aufführungsversuche und der lebendige Umgang mit den überlieferten Melodien (wie man ihn z.Zt. häufig beobachten kann) bestätigen das. Sie lassen alte Spielpraktiken wieder lebendig werden und verweisen auf eine Wechselwirkung zwischen Text, Melodie und Sänger, die dem Sänger eine Gestaltungsfreiheit ebenso zuerkennt wie dem Text und der Melodie die Variation, ein Spiel mit der Regel und ihrer Durchbrechung also. Das heißt aber: Das Lied realisiert sich im Vortrag und ihm wohnt eine Art prinzipieller Unfestigkeit inne.

2. Zur Musik des Sangspruchs

Eine Formgeschichte der Sangspruchdichtung steht noch aus. Die meisten Bemerkungen dazu beruhen seit Simrock auf Vergleichen, die deskriptiv, aber auch genetisch angelegt sind. Das Lied habe eine »geschlossene Gestalt«, zeichne sich durch eine anspruchsvolle Melodik aus und habe seine Vorbilder in Sequenzen, Hymnen, Conductus, Canciones. Die Melodien des Sangspruchs hätten dagegen eine schlichte rezitative Form (»Primitivform«, Jammers 1981, S. 173), ihre Quellen seien teils heimischer (wie die Epenmelodien), teils kirchlicher Herkunft, vor allem sei es das liturgische Rezitativ, wie es zum Vortrag von Psalmen und anderen kirchlichen Texten im Gottesdienst verwendet wurde.

Eine etwas umfangreichere und präzisere Beschreibung findet sich bei Jammers (ebd. S. 173-177). Die Grundform der »Spruch«-Melodie besteht demnach aus gleichbleibenden Tonlinien, die bei (Vers)einschnitten (Kadenzen) durch melodischere Wendungen belebt werden. Nur der Schluß und die Bewegung zum Schluß hin sind wichtig, wobei sich in der Regel der Schlußton dem Anfangston annähert. Sie werden »durchweg durch Variationen aus melodischem Material geringen Umfangs generiert ... und haben

nur wenig Eigencharakter« (Brunner 1989, S. 58). Man könnte solche einfache Rezitation als eine musikalische Mitteilungsform bezeichnen, in der sich die Melodie dem Text stark unterordnet, um
nicht vom Wichtigen abzulenken, von der Mitteilung. Das entspräche der Intention der Sangspruchdichter, Lehrer und Sachverständige für richtiges Verhalten in der Welt zu sein. Auch bei solcher
melodischen Grundstruktur sind natürlich Variationen möglich:
durch die Tonlage, durch die Länge und Anzahl der Verse, durch
melodische Verzierungen (Melismen), durch Auf- und Abstieg der
Melodielinie. Alles das ist nach Jammers machbar, vorausgesetzt,
daß die Bewegung zum Schlußton hin erhalten bleibt. Abgesehen
von der Melodik – und das muß angesichts der Diskussion um Lied
und Spruch betont werden – gehorcht der Sangspruch gleichen
Prinzipien wie das Minnelied: Dreiteiliger Bau, (potentielle) Mehrstrophigkeit, Einstimmigkeit, solistischer Vortrag mit oder ohne Instrumentalbegleitung. Im übrigen entwickelt sich auch die Sangspruchmelodik: Die Repetition wird im Laufe der Zeit bewußt eingesetzt, und die Bauformen werden klarer (Brunner ebd.) – und das
wäre auch eine Annäherung an das Minnelied.

3.   Die Aufführung

Der Rahmen für die Aufführung höfischer Literatur und damit auch
für die der Sangspruchdichtung ist leicht zu beschreiben. Es ist das
Fest an Adelshöfen, aber auch an geistlichen Höfen. Dies geht aus
den zahlreichen historiographischen, ikonographischen und literarischen (d.h. epischen) Quellen zweifelsfrei hervor. Die Darbietung
von Literatur ist dabei eine von vielen künstlerischen und artistischen Veranstaltungen, an denen Fahrende und Mitglieder des Hofes beteiligt waren. Sie steht in den Quellen neben Turnier und
Sport, (Instrumental)musik, Tanz, Brettspiel, gepflegter Unterhaltung, aber auch Pantomime, Tierstimmenimitation, Dressurakten
und anderen zirzensischen Darbietungen. Da die Quellen in ihren
Beschreibungen meist eine umstandlose Reihung vornehmen, ist ihnen die Wertschätzung der einzelnen Darbietungen und Belustigungen nicht zu entnehmen. Es wird auch selten deutlich, ob die Darbietungen zeitlich gegeneinander versetzt sind oder ob vieles simultan abläuft. Die Schilderung des Festes, das Kaiser Karl anläßlich
der Versöhnung mit seiner Frau veranstaltete, ist ein vorzügliches
Beispiel einer solchen Beschreibung:

5145 ouch quamen dare me dan viere
hundert ministriere,
die wir nennen speleman
inde van wapen sprechen kan.
sulche kunden singen
5150 van aventuren inde dingen
die geschagen in alden jaren.
sulche ouch da waren
die van minnen inde lieve
sprachen ane brieve.
5155 sulche die die vedelen zwaren
daden luden offenbaren;
sulich de wale dat horen blies,
sulich geberde als ein ries;
sulche floteden cleine
5160 mit holze inde mit beine,
sulche bliesen mutet
wale up deme muset;
sulche harpen inde gigen,
den man mochte swigen,
5165 sulche cum salterio
druvige herzen machen vro,
sulche die van zitole
zů Paris hielden schole
sulche meistere gůde
5170 kouchelden under deme hůde.
sulche kunden driven
umbe wale die schiven;
sulche wale die becken
entfiengen mit den stecken;
5175 sulche tumelden inde sprungen,
sulche die vil wale rungen;
sulche als si is begerden,
die bucke mit den perden
5180 daden si samen striden.
inde merkatzen riden.
sulche die och kunden
danzen mit den hunden;
sulche die ouch steine
kuweden harde cleine;
5185 sulich ouch de sich vermaz
dat he wale vur az
inde uzer deme munde blies.
ouch quam da sulich ries
de kunde harde wale
5190 schallen als die nahtegale
inde ouch sunderlingen

>   *na anderen vogelen singen.*
>   *sulche piffen als die re,*
>   *sulich als der pawe scre.*
> 5195   *wat mach ich hin af sagen vele?*
>   *dare quam van anderen spele*
>   *manich harde gemelich man,*
>   *der ich gesagen niet en kan*
>   *dan dat die alle, wizzet zwaren,*
> 5200   *sere willekomen waren.*

(*Morant und Galie*, hg. v. Frings-Linke 1976, vv. 5145-5200; weitere Nachrichten etwa bei Bumke 1986, I, S. 301-317).

Daß der Minnesang eine hervorragende Stelle einnahm, vielleicht sogar eine zentrale Rolle im höfischen Zeremoniell, ist zwar nur eine Annahme, aber angesichts so vieler hochadeliger Vertreter unter den Autoren nicht unwahrscheinlich. In *Morant und Galie* scheint das *van minne singen* der Hofgesellschaft vorbehalten zu sein. Jedenfalls wird es erst dann erwähnt, als die Aktivitäten der Hofgesellschaft beschrieben werden (v. 5546ff.), während die *speleman* in der zitierten Partie Liebesgeschichten erzählen (v. 5152ff.). Ob das, was für den Minnesang gilt, im gleichen Maße für den Sangspruch zutrifft, ist schwer zu sagen. Einiges spricht dafür, neben der gelegentlichen Personalunion von Minnesänger und Sangspruchdichter die Herrenlehre als bevorzugte Thematik der Gattung und die vielen Preisstrophen.

Neben dem öffentlichen Vortrag sind natürlich auch andere Darbietungsformen möglich. Nach Geschlechtern getrennte Rezeption suggerieren nicht nur manche Minnesangbelege (vgl. Willms 1990, S. 44f.). In der bekannten Strophe Gedruts-Geltars fällt die Trennung der Geschlechter mit der Trennung nach Minnesang und Sangspruchdichtung zusammen.

>   *Man sîget minnewîse dâ ze hove und inme schalle:*
>   *so ist mir sô nôt nâch alder wât deich niht von frouwen singe.*
>   *mir wærn viere kappen lieber danne ein krenzelîn.*
>   *mir gæbe ein herre lîhter sînen meidem ûz dem stalle*
>   *dann obe ich alse ein wæher Flæminc für die frouwen dringe.*
>   *ich wil bî dem wirte und bî dem ingesinde sin.*
>   *ich fliuse des wirtes hulde niht, bit ich in sîner kleider:*
>   *sô wære im umbe ein überigez hübschen michel leider.*
>   *gît mir ein herre sîn gewant, diu êre ist unser beider.*
>   *slahen ûf die minnesenger die man rûnen siht.* (KLD 13, II)

Über die genaue Ausgestaltung einer Vortragsszene ist allerdings wenig bekannt. Die Miniaturen der Manessischen Liederhandschrift,

die Bilddokumente für so viele höfische Tätigkeiten liefern, haben
für den Vortrag von Minnesang und Sangspruchdichtung eigentüm-
licherweise wenig Demonstrationsmaterial. Sängerauftritte stellen
die Miniaturen zu Bruder Wernher (Bl. 344 v) und zum Hardegger
(Bl. 290 r) dar. Als Vortragsszene läßt sich die Miniatur zum Kanzler (Bl. 423 v) deuten: Ein Sänger(?) sitzt zwischen zwei Musikanten
mit Fiedel und Flöte. Auch die epische Literatur verzichtet auf Beschreibungen und begnügt sich damit, den allgemeinen Rahmen
herzustellen (Gottfried von Straßburg, *Tristan* 19209ff.; *Nibelungen*
1705 u.a.). Daß der Sangspruchdichter seine Lieder selbst vorträgt,
darf man annehmen (wenn auch für den Vortrag von Minnekan-
zonen in der Romania bezeugt ist, daß hochadelige Trobadors ihre
Lieder durch *joglars* vortragen ließen). Volker tritt mit der Fiedel vor
Gotelinde, er begleitet sich selbst (*Nibelungen* 1705). Horant (*Ku-
drun*, 6. Aventiure) bezaubert allein durch den Gesang. Die Frauen-
lob-Miniatur (s. S. 105) in der Manessischen Hs. (Bl. 399r) bildet
eine ganze Kapelle ab (Trommel, Flöte, Schalmei, zwei Fiedeln,
Psalterium, Dudelsack). Die zwei Personen ohne Instrument könnten die Sänger sein.
  Der Gesangsvortrag darf zwar als gesichert gelten, aber das
schließt nicht aus, daß der Sangspruch auch gelesen wurde. *singen
unde sagen, singen unde sprechen* sind geläufige Formeln der Sangspruchdichtung. *sank mak man schriben unde lesen* formuliert der
Unverzagte (HMS III, 44a, 1). Die sparsame schriftliche Tradierung
von Melodien zur mhd. Lyrik mag die Annahme, daß auch mit einer ›stillen Rezeption‹ zu rechnen ist, stützen. Neuere Arbeiten hierzu sind jedoch skeptisch.
  Neben dem allgemeinen Rahmen bzw. den äußerlichen Bedingungen des Vortrags, die der Veranschaulichung gesellschaftlicher
Vorgänge und Verhaltensweisen dienen, und dem kommunikativen
Ort, an dem Minnesang und Sangspruchdichtung sich ›vollziehen‹,
gibt es aber auch noch an die Aufführung gebundene Faktoren, die
das kommunikative Geschehen, die darin eingelagerten Interakti-
onsprozesse und Wirkungsintentionen lenken. Man kann an Requi-
siten denken, etwa an ein Kreuz auf dem Mantel des Sängers beim
Vortrag eines Kreuzliedes, an mimische und gestische Begleitung des
Vortrags.
  Viele Sangspruchtexte Walthers von der Vogelweide sind als Rol-
lenstrophen angelegt (Seher, Bote, Priester, Weltkundiger u.a.) und
gestatten szenische Aufführung. Andere scheinen parodierende
Sprachimitation geradezu herauszufordern (etwa 34,4). Solche nicht
verbalen Begleithandlungen sind in der schriftlichen Überlieferung

Frauenlob (Hs. C, Bl. 399ʳ)

aber nicht dokumentiert und darum schwer zu bestimmen. Gelegentlich helfen umständliche Textinterpretationen, die durch Analo-
gieschlüsse zu heutigen Aufführungen in Theater, Konzertsaal und
Kabarett gestützt werden können. Die Erforschung der Auffüh-

rungssituation ist aber notwendig, da sie die Welt der Worte, welche die Überlieferung einzig vorgibt, zum Raum, d.h. zur Aufführung öffnen. Sie ist die vornehmliche Existenzform des Sangspruchs und auch die Plattform, von der aus der Sangspruch angemessen interpretiert werden kann. Die Aufführung übergreift Themen, Haltungen und Inszenierungsmuster und kann eine funktionale Einheit (»Vortragseinheit«) herstellen (s. dazu oben Kap. VII). Sie verbindet Realität und Fiktion und schafft dramaturgische Möglichkeiten. Sie ergeben sich besonders an den Grenzen, wo sich etwa bei bekannten historischen Persönlichkeiten fiktive und reale Welt begegnen können. Tritt z. B. der Kaiser als Minnesänger auf (Kaiser Heinrich MF III,2), wird aus der rhetorischen Hyperbel des Kaisertopos die Beschreibung eines historischen Zustandes. Stellt Wizlaw, der Fürst von Rügen, die Pose des fahrenden Sängers nach (HMS III, I,10), wird der Vortrag zu einer Huldigung der Kunst – oder doch zur Eigenwerbung oder zu einem Gaukelspiel!

Die Forschungen zur Aufführung sind noch nicht weit vorangetrieben. Aber man beginnt, eine pragmatische Poetik zu entwickeln und sie in Paradigmen durchzuspielen. Für die Sangspruchdichtung hieße das etwa, Töne auf ihre Vortragssituation hin zu interpretieren, für Sangspruch und Minnesang, die Rolle des Vortragenden genauer zu beschreiben. Dem Vortragenden als sozialer Person und – sofern er Schöpfer des Textes und/oder der Melodie ist – als Autor hat die Forschung angemessene Beachtung geschenkt. Dem Vortragenden als Interpreten von Text und Melodie ist sie bisher versagt worden. Die wissenschaftliche Kritik agiert so, als habe sie es ständig mit Uraufführungen zu tun, in denen Sänger, Dichter und Komponist eine Person sind. Wenn dies auch die wichtigste und vielleicht sogar die häufigste Form der Aufführung ist, so sind aber auch andere möglich, die für das Publikum nicht ohne Reiz sind, nämlich die sekundäre Verwendung von Liedern, Strophen und Melodien. Der ästhetische Reiz solcher Verwendungen liegt u.a. darin, daß ein sachkundiges Publikum die inszenierte Diskrepanz zwischen Erst- und Zweitrezeption, zwischen Autor und reproduzierendem Künstler genießen kann – ein Genuß, der dem modernen Publikum nur selten zuteil wird, da es die Personalunion zwischen Sänger, Text- und Melodienautor fast nur noch in der Kleinkunst gibt – und in der Rockmusikszene, wo der »Sängerdichter« wieder auftaucht und mit ihm neo-orale Elemente der Musik.

Die Aufführung ist der Raum des Vortragenden. Wenn auch wenig Konkretes bekannt ist, darf man doch annehmen, daß der mittelalterliche Künstler ihn interpretatorisch und situationsspezifisch füllen konnte: durch verbale und nicht verbale Handlungen, durch gestisch-mimische Verdeutlichungen, durch sprecherische und musikalische Pointierungen. Vieles von dem, was oben als problematisch genannt wurde, Text- und Melodievarianten, aber auch Rhythmusfragen, musikalische Zwischenspiele, Themenbindungen, textliche Unbestimmtheiten u.a. könnten von hier erklärt werden. Die Sangspruchdichtung könnte bei der Erforschung der Aufführung eine Vorreiterrolle spielen, weil sie wegen ihrer relativen Realitätsnähe bessere Beobachtungsfelder bietet als der Minnesang.

XI. Enstehung und Phasen des Sangspruchs

1. Der Sangspruch vor Walther von der Vogelweide

Gerade eine Gattung wie die des Sangspruchs, der in seinem invariablen Kern Lehrdichtung ist, muß an praktische Zwecke (s. Merk-, Zauber-, Arbeits-, Spott- oder Tanzlieder) angeschlossen werden. Darum gehört auch der Hinweis auf vorliterarische Traditionen an den Anfang eines geschichtlichen Abrisses. Jedoch kann ein solcher Hinweis nicht konkretisiert werden, denn es gibt für den Rahmen, in dem sich die Funktionen entfalten, nur indirekte Zeugnisse in historischen, juristischen und (moral)theologischen, meist lateinischen Quellen. Hinzu kommen Belege in Glossen, die sprachwissenschaftlich bzw. volkskundlich aufzuschließen sind (eine informative Übersicht bei G. Ehrismann, Geschichte der deutschen Literatur, Bd. I, München [2]1966, S. 13-78).

Weiterhin gehört es zu den Besonderheiten der mhd. Lyrik – des Sangspruches ebenso wie der Liebeslyrik –, daß sich zwar Anregungen und Vorformen in vor- und subliterarischen Strängen, in gelehrter (Schul)tradition ebenso wie in heimischer Spruch- und Merkdichtung vermuten lassen, aber beschreibbare Verbindungslinien zu diesen Impulsgebern nicht zu ziehen sind. Der Grund liegt in der anfangs mangelnden und zufälligen Überlieferung, aber auch in den zögerlich einsetzenden Literarisierungsprozessen in den Volkssprachen, besonders in den ungleichmäßig verlaufenden Übergängen von einer mündlichen zu einer schriftbestimmten Kultur. Das zeigen die Spottverse aus dem Codex Sangallensis 30 oder die Verse, die Notker im 52. Kapitel seiner Rhetorik bespricht, um Redefiguren zu erläutern (vgl. St. Sonderegger, Althochdeutsch in St. Gallen. St. Gallen-Sigmaringen 1970, S. 72f. und 94f.). Belege aus volkskundlichen Bereichen heranzuziehen, wie es ältere Arbeiten tun, ist sicherlich legitim, wenn man auf subliterarische Strömungen aufmerksam machen will. Aber solche Belege als Ausgangspunkt einer historischen Reihe wie der des Sangspruchs zu nehmen, verbietet ihre historische Unbestimmtheit.

Geradezu exemplarisch beleuchtet den geschilderten Sachverhalt die anonyme Strophe *Ubermuot diu alte* des *cgm.* 5249/42a (MF namenlos 1,V).

Ubermuot diu alte
diu rîtet mit gewalte,
untrewe leitet ir den vanen.
girischeit diu scehet dane
ze scaden den armen weisen.
diu lant diu stânt wol allîche en vreise.

Der Ton ist einfach und (abgesehen von der fehlenden Waise) dem Hergers gleich. Die innere Form entspricht zwar der einfachen ›wenn – dann‹-Relation des Sprichwortes, aber es ist auch gelehrte geistliche Tradition in den hypostasierten Lastern faßbar, die den Vorgang bestimmen. Die über dem Text stehenden linienlosen Neumen erweisen den Text als Sangspruch – neben den in den C.B. überlieferten Neumen frühestes Zeugnis musikalischer Notation mhd. Lyrik. Überliefert ist er zufällig, wenn auch früh (Anfang des 13. Jahrhunderts) auf der Rückseite einer Handschrift lateinisch-theologischen Inhalts.

Für den Literarhistoriker sind Texte dieser Art (MF namenlos 1, I-IV) die Ausgangsposition seiner Überlegungen. Aber wie bei der Liebeslyrik bekommt er erst mit den großen Sammelhandschriften eine Textbasis, die eine Beschreibung und eine begründbare Einschätzung der Gattung zuläßt. Mit diesen stellen sich auch Autornamen ein, welche die Texte als namentlich verantwortete Lyrik von einer anonymen lyrischen Grundschicht abheben. Relativ fertig schon – das muß betont werden –, denn das, was sich bei dem ersten faßbaren Vertreter der Gattung, dem Philologen den Namen ›Herger‹ gaben, beobachten läßt, trägt schon alle thematischen und formalen Merkmale der Gattung (wiewohl ständisch noch nicht so fest gebunden), ebenso ihre Ausdrucksformen bis hin zur potentiellen Mehrstrophigkeit. Dies gilt auch für den Dichtertypus und für das Publikum: Herger ist Berufssänger im Dienst wechselnder Herren und offensichtlich allein der Gattung ›Sangspruch‹ verpflichtet. Falls allerdings die beiden in C unter dem Namen ›Ulrich von Lichtenstein‹ überlieferten Strophen wirklich Gottfried von Straßburg gehören, reichen sie in die Zeit der älteren Spervogel-Sammlung und in die frühe Zeit Walthers zurück. Dann überrascht nicht nur die entwickelte Strophenform, sondern man wird auch die Bestimmung des Dichtertypus nicht beibehalten können. Das heißt: Die Grundlegung der Gattungen wird schwieriger.

2. Walther von der Vogelweide

Die geschilderte literarhistorische Ausgangssituation stellt Fragen:
Gibt es bei einem solchen Überlieferungsbefund überhaupt Entwick-
lungsmöglichkeiten der Gattung, die es rechtfertigen, eine
Gattungsgeschichte zu schreiben, und wenn ja, wie verlaufen sie? Die
Antwort wird je nach Beurteilungsstandpunkt verschieden ausfallen
und sich vor allem an der Stellung Walthers von der Vogelweide in-
nerhalb der Sangspruchdichtung orientieren. Wer die Perspektive ver-
kürzt und die Anfänge der Sangspruchdichtung an Walther mißt, der
mit großer Geste selbstsicher und entschieden dieses Genre aufnimmt, und dabei die ›Sangsprüche‹, die sonst noch in *Des Minnesangs Frühling* zu finden sind, nicht beachtet – das ist der übliche
literarhistorische Blick –, wird das Innovatorische bei ihm betonen
und seinen Umgang mit der Gattung als exemplarisch erklären. Er
wird mehr Diskontinuität als Kontinuität in der frühen Entwicklung
sehen und letztlich beklagen, daß seine Ausgestaltung der Gattung
nur so beschränkt nachwirkte. Nun steht zwar Walthers künstlerische
Leistung und poetische Kraft ganz außer Zweifel. Auch kann man
nicht in Abrede stellen, daß er die Eintonigkeit der Herger-Tradition
aufhebt und – wie im Minnesang üblich – eigene Sangspruchtöne erfindet (und damit den Sangspruch an den Minnesang heranführt).
Wer aber die gesamte historische Reihe der Sangsprüche überblickt,
muß ihn zum einen als Fortsetzer, zum andern als Ausnahmefigur begreifen, d.h. er hat für die Gattungsgeschichte selbst nicht das Gewicht, das die Literaturgeschichte ihm oft beimißt – und dabei
nicht selten Walther-Philologie mit Sangspruchphilologie verwech-
selt. Walther als Beginn, Höhepunkt und Abschluß zugleich ist –
überspitzt formuliert – die Konsequenz solcher Betrachtung.
   Hier kommt es natürlich entscheidend auf die Formulierung an.
Eine nüchterne Aussage wie die, Walther wolle unmittelbar wirken
und habe deswegen a k t u e l l e Probleme der Tagespolitik i n
d e u t s c h e r Sprache aufgenommen, trifft eher als gängige idealisier-
te Formulierungen wie die, den ›Spruch‹, die alttradierte Gattung
der Fahrenden, habe Walther »heraufgeholt von der Straße an den
Hof« und habe ihn »geadelt« (P. Wapnewski, W.v.d.V. Gedichte
1962, S. 289f.). Dies trifft schon deswegen nicht zu, weil der Sangspruch, soweit wir ihn kennen, schon immer Hofdichtung war. Im
übrigen bezieht sich solche Formulierung nur auf e i n e Seite des
Waltherschen Sangspruchs; Sangsprüche über die Trunkenheit (29,
25.35) etwa oder moralisch-didaktische im ›Bognerton‹ sind die (zu
wenig beachtete) andere Seite.

Probleme der Tagespolitik in deutscher Sprache zu formulieren war neu in einer Zeit, in der politische Anliegen noch ausschließlich in lateinischer Sprache gefaßt wurden. Walther eröffnet damit einen Bereich von Öffentlichkeit, der jedenfalls funktional sorgfältig vom Bereich bisheriger politisch-propagandistischer Verlautbarungen zu unterscheiden ist.

Politische lateinische Dichtung, gesteuerte Publizistik konnte man in den Hofkreisen um den deutschen Kaiser Friedrich I. ebenso hören (Rahewin, Otto von Freising u.a.) wie etwa in der Umgebung des englischen Königs Heinrich II. (Petrus von Blois). Sie hatte zudem Tradition. Zu erinnern wäre hier etwa an Wipos ›Sutri-Lied‹, das am Hofe Kaiser Heinrichs III. (1039-1056) erklungen ist. Auch die Kritik an Rom und an der Kurie in der moralisch-satirischen Dichtung (Walter von Châtillon, Petrus von Blois, Archipoeta u.a.) könnte in diesem Zusammenhang erwähnt werden.

Vor Walther wurden aktuelle politische Themen jedweder Art (abgesehen von politischen Akzenten in Lob- und Preisdichtung, etwa im ahd. ›Ludwigslied‹) in deutscher Sprache nur in Verbindung mit anderen Themen behandelt. Das gilt vor allem für das Kreuzzugsthema, das aber anders als in der mittellateinischen Dichtung im Mittelhochdeutschen zunächst immer in Verbindung mit dem Minnesang auftritt – eine Ausnahme ist vielleicht das Lied MF XVI Friedrichs von Hausen, das gelegentlich als frühestes politisches Lied in deutscher Sprache bezeichnet wird. Anregungen zu politischen Liedern in der Volkssprache könnte Walther von den Provenzalen bekommen haben (Peire Vidal , Bertran de Born u.a.), wiewohl große politische Sirventesen in prov. Sprache erst aus der Zeit der Albigenserkriege (1209-29) überliefert sind.

Walther führte also durch Intention und Sprachwahl eine breitere Öffentlichkeit an politische Ereignisse heran. Warum er diese neuen Wege einschlug, ist vorrangig ein Problem der Walther-Philologie und nicht eines der Gattung, muß aber dennoch kurz angesprochen werden. Politische und soziale Gründe lassen sich anführen: 1198 hat Walther den Hof zu Wien verlassen, d.h. er tauschte eine hofsässige Existenz mit der eines Fahrenden. 1198 beginnen mit dem Tod Heinrichs VI. aber auch die Thronwirren, die sich über mehr als ein Jahrzehnt hinziehen. Diese persönlichen und politischen Ereignisse sind offenbar eng verbunden mit den Anfängen seiner Sangspruchdichtung. Politische Ereignisse, die auch die heutigen Historiker noch als säkular begreifen: Walther nimmt Stellung zu den Auseinandersetzungen zwischen Kaiser und Papst (Investiturstreit), kommentiert das Verhältnis von Kaiser und Fürsten (Etablierung der Territorialstaaten) und raisoniert über Legitimation und Darstellung von Macht.

Wie weit hier persönliches politisches Engagement (›Sorge um das Reich‹) mitschwingt, wie weit explizit agitatorische Absichten verfolgt werden und wie weit es sich dabei um Auftragsdichtung handelt, wird bis heute strittig diskutiert. Strittig ist auch die Frage nach den unmittelbaren Adressaten. Fanden die »deutschen Fahrenden-Sprüchlein« (G. Hahn 1979, S. 345) in den zeitgenössischen Entscheidungsgremien überhaupt Gehör, oder waren sie unterhaltendes Beiwerk für eine literarische Öffentlichkeit *ze hove und an der strâze* (Walther 46,36)? Frühere Untersuchungen vernachlässigten solche Fragen und erweckten oft den Eindruck, Walther habe direkt in der kaiserlichen Kanzlei gesessen. (Walther, »ein armer Hund [....], der davon lebte, seine Kunst vorzutragen«, mag man mit P. Wapnewski (1962, S. 287) skeptisch fragen). Beleg war ihnen das Wort Thomasins von Zirklaere, *er hât tûsent man betœret* (›Welscher Gast‹, v.11223f.). Ein sehr allgemeiner Beleg, dem kaum mehr entnommen werden kann als die Tatsache, daß politische Dichtung öffentlich gewirkt hat. Wenn man nämlich die Möglichkeiten und Formen von Kommunikation und Publizistik im Mittelalter mitbedenkt, wird schnell klar, wie wenig über den konkreten Wirkungsraum und über die reale Interaktion zwischen Walther (bzw. der Sangspruchdichtung überhaupt) und dem Publikum, speziell den Auftraggebern bekannt ist. Die gängige Ansicht, der politische Spruch sei primär an Papst, Kaiser und andere hohe Herren gerichtet und habe sie auch erreicht und getroffen, ist daher eher These als Faktum.

Wer hier richtig urteilen will, darf darum trotz aller Aktualität, trotz aller Leidenschaft, die er in Walthers Sangsprüchen zu erkennen glaubt, nicht die Deutungsmodelle verkennen, die hinter Aktualität und Engagement stehen. Man braucht dabei nicht nur an den Wiener Hofton oder an den Bogner-Ton zu denken, die als aktuellen Bezug nur Werbe- bzw. Widmungsstrophen enthalten (Töne also, die man gelegentlich als ›Fahrenden-Sangspruch‹ von der ›Reichsdichtung‹ absetzen wollte). Walther klinkt sich selbst in seinen heftigsten Strophen nicht aus der gesellschaftlichen Wertediskussion aus und bleibt stets bemüht, seine Anliegen in ideelle Typik umzusetzen und den überzeitlichen Deutungshorizont zumindestens anklingen zu lassen.

In den Strophen gegen Otto IV. (26,23; 26,33) etwa rekurriert die Schelte auf die Herrschertugend der *milte*. In den satirischen Strophen gegen Papst und Geistlichkeit (etwa 33,31; 34,24) kontrastiert Walther aktuelles Verhalten des Würdenträgers mit den biblischen Vorbildern. In Tonweihen wie der ersten Strophe des Un-

mutstones (31,33) stellt er durch das Eingangsgebet den Bezug zur
göttlichen Ordnung her. Genauso verfährt er in lobenden Strophen,
wenn er in der Krönung Philipps (18,29) oder im Magdeburger
Weihnachtsfest (19,5) die theokratische Reichsidee und den staufischen Herrschaftsanspruch in Bildern und Symbolen durchscheinen
läßt. Auch das ist (wie in vielen allgemeinen Strophen) Belehrung
und Erziehung, aber eben eine solche, die durch Aktualität und
durch eine auf eine breite Öffentlichkeit bezogene Rhetorik zumindest auf den modernen Rezipienten stark wirkt. Es kommt ein weiteres hinzu: Spielfreude. Walther schlüpft in die verschiedensten
Rollen, die er so überzeugend zu spielen weiß (etwa die des ›Reichs-
herolds‹), daß es auch heute noch für Interpreten eine strittige Frage
ist, wie Leben und Rolle zu trennen sind.

Walther entwickelt also ein Modell, in dem sich aktuelles Geschehen, Lehre und ideelle Typik verbinden, und faßt es in selbster-
fundene Töne. Dies ist die literarhistorisch bedeutsame Leistung
und Innovation zugleich, aber sie hat sich nicht in der Breite fort-
gesetzt, in der sie Walther angelegt hatte und in der sie eine Wal-
ther-fixierte Literaturgeschichtsschreibung sieht. Der Sangspruch,
der konkrete zeitgenössische Vorgänge kommentierend, preisend
oder scheltend aufnimmt, gehört zwar fortan zum Repertoire vieler
Sänger, aber er bleibt in der Regel in der Minderzahl.

So sind es z.B. beim Meißner weniger als 10% der Strophen, die
einen expliziten aktuell-politischen Bezug haben, bei Rumelant von
Sachsen weniger als 15%, bei Friedrich von Sonnenburg etwa 20%
(aber auch nur, wenn man den expliziten Bezug sehr großzügig interpretiert!). Lediglich bei Bruder Wernher, der nicht umsonst als
Schüler Walthers gilt, spiegeln knapp die Hälfte seiner 76 Strophen
Zeitgeschehen wider.

Diese statistischen Angaben sind freilich wegen der Unsicherheit
der Überlieferung problematisch, was sich gerade bei Bruder Wernher zeigt, wo die J-Überlieferung gegenüber der C-Überlieferung
des öfteren entaktualisiert (was im übrigen zur Entelechie einer Gattung gehört, die im Kern Weisheitslehre ist). Die Tendenz scheint
sich in den Meistersingerhandschriften fortzusetzen. Sie tradieren
überhaupt keine politischen Texte mehr.

3. Aktualisierende, ›politische‹ Sangsprüche nach Walther

Eine kommentierte Auflistung aktualisierender Sangsprüche, wie sie Walther ›erfand‹, und ein kurzer historischer Abriß finden sich bei Müller (1974). Da diese Strophen sich an konkrete außerliterarischen Konstellationen, Situationen und Personen binden lassen, ist aber eine Darstellung, die diese außerliterarischen Bezüge aufnimmt, wohl instruktiver als eine zeitliche Ordnung.

Ein Nucleus politischer spruchmeisterlicher Interessen ist wie bei Walther die Auseinandersetzung zwischen Kaiser, Papst, zwischen *imperium* und *sacerdotium*. Die Sangspruchdichter stehen dabei in der Regel auf der Seite des Kaisers, und die seit Friedrich I. immer pointierter ausgebaute Kaiseridee ist der politische Orientierungspunkt. Unter den wenigen Strophen, die ausdrücklich eine ultramontane Position vertreten, sind die des von Wengen (SM 23,I) am bedeutsamsten. Hauptstoßrichtung der Parteigänger des *imperiums* ist das päpstliche Machtstreben, dem sie die Auffassung von der geteilten Macht entgegensetzen. *ir habt die erde, er* [Gott] *hât daz himelrîche,* wie Walther es bündig formuliert (12,8). Historisch ist das eine rückwärts gerichtete Position, denn nicht die Reichsidee und das *imperium* waren die künftigen Kräfte, sondern (zumindest für das 13. Jahrhundert) das Papsttum, das in dieser Zeit seinen Weltmachtsplänen so nahe wie nie zuvor oder später kam, und die Entwicklung der nationalen Mächte, die Walther noch als *arme künege* (9,14) bezeichnete. Die Argumentation in dieser Auseinandersetzung mag dann primär (wie meist in der mittellateinischen Dichtung) moralisch sein und über die entartete Kirche klagen (das ist etwa die Position Reinmars von Zweter, s. etwa 125-131, 223, aber auch Bruder Wernhers 2,63) oder aber dezidiert politisch, verschlüsselt, wie in den bekannten Bildern von der Zweischwerterlehre, der ›Konstantinischen Schenkung‹ (vgl. etwa Reinmar von Zweter 135, 213f.; Frauenlob 335-337), in Fabeln (die Form der politischen Aussage beim Marner und bei Konrad von Würzburg), Rätseln und *bîspel,* aber auch direkt. Die Zahl der Strophen, in denen der aktuelle Anspielungshintergrund nicht mehr rekonstruierbar ist, nimmt im Vergleich zu Walther aber zu. Dies ist nicht nur durch Entaktualisierung bedingt, sondern wie etwa beim wilden Alexander durch gewollte literarische Chiffrierungen. Politische Positionen sind im übrigen nicht unverrückbar. Walthers Lavieren zwischen wechselnden Herrschern, einer moralisierenden Forschung ein Ärgernis, wiederholt sich etwa bei Reinmar von Zweter, von dem extrem pro- und antikaiserliche Strophen überliefert sind (136-138, 140, 143, 146, 147).

Das Interregnum (1256-1273) hinterläßt kräftige Spuren in der Sangspruchdichtung: Die Klage um den Zustand des Reiches ist dabei ein bevorzugtes Thema, gekleidet in den seit Walther gängigen Typus der ›Friedensklage‹ (Höllefeuer, HMS III, 34:3; Meißner XVI,3:8; Rumelant HMS III, 57:IV,7-9), in Endzeitbeschwörungen (Reinmar 135, 136 [?], Sonnenburg 43, Sigeher, HMS II, 363: VII,3), Visionen (etwa Sigeher HMS II, 362:V,2), allgemeine Zeitklagen (etwa Höllefeuer HMS III, 34: 3-4) oder Wahlschelten (etwa Meißner XIV, 1-2; Marner XIV,4). In dieser Zeit verschiebt sich auch merklich das politische Gewicht vom Reich auf die Territorien, die zu den neuen Machtzentren werden. Zwar hatte auch Walther die Reichsfürsten und andere Würdenträger angesprochen, aber die standen noch stärker im Spannungsfeld von Krone und Reich und hatten noch nicht das politische Gewicht, das den Fürsten nach dem ›statutum in favorem principum‹ von 1232 zufiel. Die Lyrik um den Böhmer Hof, das aufsteigende Machtzentrum dieser Zeit, ist Indiz und Beispiel. Wenzel I. und Ottokar II. sind natürlich präsent in den Sangsprüchen, die an ihrem Hof entstehen (Reinmar von Zweter, Friedrich von Sonnenburg, Meister Sigeher), aber auch in der nicht unmittelbar von ihnen abhängigen Dichtung Bruder Wernhers, des Meißners, Kelins und des Tannhäusers. Mit dieser neuen (politisch bedingten) Regionalisierung nähert sich der Sangspruch auch wieder vorwaltherischen Bedingungen an. Zwar gibt es um Person und Politik Rudolfs von Habsburg so viele agitatorische Texte wie sonst nur noch um Friedrich II., aber fast immer ist die *milte,* die für den Sangspruchdichter wichtigste Herrschertugend, mit im Spiel. Die Interessenlage wird deutlicher und die Sozialrolle nähert sich wieder der Textrolle an. Daß die Sangspruchdichter die Wahl und Krönung Rudolfs begrüßen (etwa nüchtern in einem ›historischen Bericht‹ durch Friedrich von Sonnenburg 28-29, oder nochmals in der Art Walthers als ein *wunder* Gottes gefeiert durch Rumelant HMS III,61:V,7), ist Konsequenz aus dem oben Gesagten und der politischen Situation (wiewohl die Annalistik und Historiographie auf diese Ereignisse nicht eingehen). Auch die Auseinandersetzung des neuen Königs mit der aufstrebenden Territorialmacht Böhmen (Meißner I, 13) und seine Hausmachtspolitik (Schulmeister von Esslingen KLD 10, II, 1,3, III, I,1-2 u.a.) begleitet noch ein originär politisches Interesse, das sich (besonders beim Schulmeister von Eßlingen) in an Walther geschulten Rollen- und Argumentationsmustern dokumentiert. Aber

der persönliche Vorwurf der fehlenden *milte* schleicht sich schon
ein. Daß dieser Vorwurf persönliche Erfahrungen spiegeln kann, ergibt sich schon daraus, daß die Ansichten über Rudolfs *milte* geteilt
sind: Der Schulmeister von Esslingen, der Unverzagte (HMS
III,45:III,1) und Stolle (HMS III,5:11) tadeln den Geiz des Königs
(alle drei benutzen dazu das Priamel), Rumelant und wohl auch
Boppe (HMS II, 382:II) preisen den *milte(n) Rudolf unverzaget.*

Im übrigen sind in dieser Zeit die meisten Strophen, die mit
zeitgenössischen Personen zusammengebracht werden können, wieder in die Typik der *laudes* bzw. *vituperationes hominum* geglitten:
Aufzählungen und Vergleiche mit bekannten Exempelfiguren bestimmen die Strophen, regionale Größen meist aus Nord- oder Ost-
deutschland (ein Reflex der Sammelintention der Jenaer Hs.?) sind
ihre Adressaten, Reichsfürsten wie die Brandenburger, aber auch
Ministeriale (wie etwa ein Herdegen von Grindelach beim Meißner
I,8). Vorgänge von regionaler oder lokaler Bedeutung werden zum
Ereignis, etwa Ottokars I. Preußenzug (Sigeher, HMS II,361:II,1),
der Mord an Erich V. von Dänemark (Rumelant HMS III, 68:X,3-5
u.a.), die Hinrichtung Marias von Brabant (Stolle HMS III,6:16-
17) u.a.

Wiewohl die aktualisierenden politischen Sangsprüche das Interesse der germanistischen und neuerdings auch der historischen Forschung auf sich zogen, bestehen auch hier noch Forschungsdefizite,
etwa eine interdisziplinär gearbeitete kritische Dokumentation der
historischen Ereignisse und Personen. Denn präzise Zeitansätze, die
eine innere Chronologie begründen könnten, kann der Literarhistoriker, wenn überhaupt, nur von diesen Strophen erwarten. Daß eine
solche Diskussion für Historiker und Literaturwissenschaftler
fruchtbar sein kann, beweisen die Abhandlungen zu Reinmars ›Kur-
fürstenspruch‹ (134, s. Thomas 1992). Weiterhin bedarf es noch der
Erklärung, warum sich das den neuzeitlichen Leser so faszinierende
Waltherische Modell so wenig durchgesetzt hat.

4. Moralisch-didaktische Sangsprüche

Sangsprüche moralischen Inhalts sind nicht nur die historisch älteren, sie formulieren auch die moralischen und ethischen Positionen,
die es den Rezipienten ermöglichen, das aktuelle oder konkrete Ereignis im Rahmen politischer, ständischer und religiöser *ordo*-Regeln
angemessen und richtig zu deuten und zu beurteilen. Sie sind also

gleichsam der Rahmen der möglichen Ereignisdeutung, so daß Aktuelles und Regelhaftes aufeinander verweisen, ohne völlig ineinander aufzugehen. Als Beispiel kann das Preislied (*lobeliet*) dienen. Ein Lob ist in der Regel aktuell oder zumindest an eine aktuelle Situation gebunden. Es tritt meist mit einer Bitte um *milte* oder mit einem Dank für großherzige Geschenke auf. In einem aktuellen Kontext wird die Bitte so zu einem sozialen Appell an eine gesellschaftliche Tugend, das Lob (bzw. bei Ablehnung die Schelte) zu einer legitimen Reaktion des Sängers und die ganze Interaktion zu einem die Sozialordnung stabilisierenden Rollenspiel. Wenn Frauenlob eine Apologie des Lobes schreibt (XIII, 15-17), dann liegt seine Rechtfertigung in dieser Dialektik von Regelhaftem und Aktuellem.

Soziale, kulturelle und mentale Prozesse schreiten auch im 12. und 13. Jahrhundert nur langsam voran, so daß praktische Lebensregeln und Verhaltensweisen fast konstant sind. Wie wenig sie sich verändern, zeigt sich etwa bei den ökonomischen Grundlagen. Obwohl sich schon seit dem Ende des 11. Jahrhunderts in wirtschaftlich fortschrittlichen Regionen (etwa in Flandern und im Rheingebiet) der Übergang von einer feudal-agrarischen Wirtschaftsstruktur zu einer an Stand und Handel orientierten Geldwirtschaft abzeichnete, prägen die alten Strukturen weiterhin Denken und Handeln des Sangspruchdichters. Geld wird nur ganz vereinzelt erwähnt, so in einer ironisierenden Priamel, in der Boppe (HMS II, 382:21) behauptet, alle Vorzüge des Menschen verlören ihren Wert, *hete er niht pfenninge*, oder in der Schelte des Pfennigs als *eren diep* bei Damen (HMS III, 166:8).

Aber trotz dieser immobilen Wert- und Vorstellungswelt und trotz der Feststellung, daß Sangspruchdichtung in weiten Partien Weisheits- und Erfahrungslyrik ist, lassen sich gewisse Innovationen bei den Inhalten und bei den Vermittlungsformen (d.h. beim Rollen- und Sprachverhalten) beobachten, gelegentlich sogar an Namen festmachen, so daß historische Orientierungspunkte entstehen.

Zwei Erscheinungen sind dabei von besonderer Bedeutung, einmal die Verfestigung der Rolle als *meister*, zum anderen ein Bemühen um eine angemessene Begrifflichkeit, das in Sprachreflexion, -theorie und -kritik einmündet. Auf die Kultivierung der Form soll hier nur verwiesen werden (s. dazu oben Kap. VI). Beide Erscheinungen werfen die Frage nach der Gelehrsamkeit der Sangspruchdichter auf und damit auch die Frage nach ihren Beziehungen zur Philosophie und Theologie ihrer Zeit.

Das Problem begegnet schon früh. Geistliche Themen behandelt schon Herger in der V. und VI. Pentade. In MF V,3,1-3. formuliert er:

Swel man ein guot wîp hât
unde zeiner ander gât,
der bezeichent daz swîn.

Herger vermittelt hier nicht nur moralisches Wissen. Er deutet auch diskret an, daß er mit allegorischer Textexegese und geistlicher Tierinterpretation vertraut ist. (Das Schwein symbolisiert Unkeuschheit und Unmäßigkeit.) Das ist Klerikerwissen. Indem er es verwendet – das ist wichtig – leiht er sich die Autorität der G e i s t l i c h e n, die diese Methoden entwickelt haben. Die Rolle des Weisen und Weltkundigen, die auf Erfahrung und praktische Vernunft baut und die der vorliterarischen und frühen Spruchdichtung eigen ist (natürlich ohne in ihr aufzugehen), erweitert er dadurch um einen »wissenschaftlichen«, zumindest mittelbar auf Bücher gestützten Aspekt. Für die Sangspruchdichtung ist das eine bedeutende Neuerung, wenn sie auch zunächst nicht greift, weil Walther eine Rollenvielfalt praktiziert und dabei die politisch-aktuellen Rollen (Ratgeber von Königen und Päpsten, Fürsten und Herren, öffentlicher Sprecher, Bote Gottes) favorisiert. In seinen zwei despektierlichen Strophen über die Engel im Bognerton (78, 24ff.) greift aber auch er diese »theologische« Rolle auf. In der nachwaltherischen Spruchdichtung gewinnt sie dann an Konturen. Die Forschung faßte diesen Vorgang, indem sie den Sangspruchdichter als ›Laienprediger‹ apostrophierte und Sangspruchdichtung ›in Analogie zur geistlichen Predigt‹ setzte. Die Analogie hat – wie die Vergleiche schon andeuten – nicht nur eine inhaltliche Seite (s. dazu oben Kap. V), sondern auch eine verfahrenstechnische und methodische. Der Sangspruchdichter legt Wert auf die Richtigkeit und den richtigen Gebrauch seiner Quellen (vgl. etwa Reinmar von Zweter 199, der Meißner II,18), er greift auch zu gelehrten Exempla und legt sie in theologischer Manier gemäß dem vierfachen Schriftsinn aus. Außerordentlich beliebt sind dabei die Physiologus-Exempla wegen ihrer exotischen Stofflichkeit und ihrer fast unbeschränkten Verwendungsmöglichkeit (Belege bei Stackmann 1958, S. 112f. mit Anm. 248, wo sich auch Beispiele für die »typologische Exegese« finden). Ein weiterer Aspekt wären Disputationsformen, wie sie in Streitgesprächen zwischen einzelnen Tugenden anklingen (vgl. etwa Kelin HMS III, 23: 3-4). Kurz und pointiert: Auch auf den Sangspruchdichter färbt der Wissenschaftsbetrieb seiner Zeit ab. Man muß solche Vergleiche nicht überstrapazieren und die Dichter gleich zu Gelehrten machen (wie man es etwa bei Frauenlob oder bei Heinrich von Mügeln getan hat), aber man darf Parallelen ziehen. Auch der

Sangspruchdichter, in vielem noch Erbe einer oralen Gesellschaft, lebt in Teilen seiner Produktion von Bücherwissen und benutzt eine autoritätsabhängige Methode. Daß er dabei nicht strikt systematisch verfuhr und in seinen »wissenschaftlichen« Ansichten nicht originell war (was ihn ja auch in die Nähe des Ketzertums hätte bringen können, woran ihm als gesellschaftsabhängigem Dichter nicht gelegen sein konnte), ist richtig. Darum sind seine Verfahrensweisen auch eher mit denen des *bîspels* (das ja in dieser Zeit als neue volkssprachliche Gattung auftaucht) als mit professioneller theologischer Auslegung zu vergleichen. Aber mit den gewählten Stoffen und den exegetischen Verfahren dokumentiert er doch selbstbewußt eine *meisterschaft* des Laien, der sich allerdings vor Überheblichkeit hüten sollte – wie Damen (HMS III, 167:4) betont.

Im Blick auf die Verwendung religiöser Stoffe ist eine Fortentwicklung unverkennbar. Während etwa Bruder Wernher geistliche Themen (Sünde, Tod, Vergänglichkeit, jüngstes Gericht) noch als Stoff für (Buß)predigten benutzt und auch Reinmar von Zweter und der Marner in ihren religiösen Strophen der Predigt nahestehen (alles das ist im weitesten Sinne Frömmigkeitspflege), werden religiöse Stoffe bei Rumelant von Sachsen, Meißner, Boppe und vollends bei Frauenlob (alles Meister aus der 2. Hälfte des 13. Jahrhunderts) zum Gegenstand theologischer Reflexion und Spekulation. Beliebt sind Fragen, die von jeher auf den Zweifel der Laien stießen und deswegen ein hohes theologisches und pastorales Interesse fanden, vor allem die Trinitäts- und Inkarnationsthematik. Diese Tendenz ist verbunden mit dem Zurücktreten der Person und der Verstärkung des Stofflichen. Der Zugriff der Sangspruchdichter auf Domänen der Geistlichkeit mag indirekt damit zusammenhängen, daß die Kirche zu den wandernden (Unterhaltungs)künstlern eine liberalere Einstellung gefunden hatte (s. dazu oben Kap. III.1).

Auch der zweite angesprochene Aspekt führt aus praxisbetonten Funktionsbereichen des Sangspruchs und seiner Autoren hinaus. Zunächst einmal ist die Erörterung ethischer Leitbegriffe immer an konkrete Situationen gebunden, wie denn auch die Lehrsituation der Sangspruchdichter in konkret praktischen Bezügen steht. Sie sind so konkret, daß sie gelegentlich nur aus der Aufführungspraxis erschließbar sind. Spervogel plädiert MF, AC-Überlieferung 4,5-6 etwa für Gelassenheit im Unglück.

> *wir haben verlorn ein veigez guot.*   *vil stolzen helde, enruochet!*
> *dar umbe suln wir niht verzagen.*   *ez wirt noch baz versuochet.*

Um welchen Verlust es sich handelt, gibt die Situation vor, die für den heutigen Interpreten nicht mehr zu rekonstruieren ist.

Die Benennung richtiger bzw. falscher Verhaltensweisen orientiert sich an einem öffentlichen Normensystem. Die Handlichkeit des Systems und seiner Begrifflichkeit besteht aber darin, daß es konstant ist und jeder zu wissen scheint, worum es sich handelt, wenn Begriffe wie *êre, schame, triuwe, milte, mâze, reht* usw. benutzt werden. Heute scheinen diese höfischen Zentralbegriffe oft schillernd, unscharf und austauschbar. Vielleicht waren sie es aber auch schon damals. Jedenfalls beobachtet man in Minnesang und Sangspruchdichtung sprachdenkerische Bemühungen, das Verhältnis von Wort, Begriff und Sinn zu klären. Sie beginnen wohl nicht zufällig mit der Diskussion über Wort und Begriff *minne* bzw. *liebe* (Hausen, Morungen, Walther und dann weiter bei den späteren *meistern*, besonders bei Reinmar von Zweter), da sich die Dichter dieses zentralen und neuen Begriffs höfischer Geselligkeit immer wieder versichern müssen. Andere Begriffe folgen. Bei jeder noch so flüchtigen Lektüre der Sangspruchdichtung begegnen sie einem auf Schritt und Tritt (s. auch Kap. V). Entscheidend für die Entwicklung ist, daß ein Begriff selbst zum Thema einer oder mehrerer Strophen wird und durch denkerische Operationen Präzision und Eindeutigkeit gewinnt. Huber (1977), der dieses Sprachringen bei den Sangspruchdichtern detailliert untersucht hat, spricht von »Begriffsstrophen«. Die Dichter setzen dabei formale Operationen ein wie Begriffsvernetzungen (gern metaphorisch in Verwandtschafts- oder Herrschaftsrelationen), Parallelisierungen oder Kontrastierungen, oder sie versuchen eine inhaltliche Vertiefung der Begriffe, indem sie sie in Wertordnungen, vor allem in geistlichen und heilsgeschichtlichen Bezügen verankern. Huber weist Reinmar von Zweter die entscheidende Rolle in diesem Prozeß zu, bei Frauenlob ist er dann vollendet. Die Tugendbegriffe haben sich aus der Konkretion gelöst und sind auf dem Wege zu definierter Begrifflichkeit und Abstraktion. Man kann hier allerdings nicht von einer geradlinigen Entwicklung sprechen, da das sprachreflektorische Niveau der einzelnen *meister* sehr unterschiedlich ist.

Neben der Verfestigung der *meister*-Rolle und dem Bemühen um eine ›wissenschaftlich‹ geklärte Begrifflichkeit kommt auch durch geographische Verlagerung spruchmeisterlicher Aktivitäten eine gewisse Dynamik in die Geschichte des Sangspruchs. Geographisch gesehen waren es zunächst die Höfe und Städte des deutschen Südwestens, die den Sangspruch pflegten. Hier wirkten Walthers Lieder auch am intensivsten nach (Bruder Wernher, Ulrich von Singenberg und

Leuthold von Seven gelten als seine unmittelbaren Schüler). Sein Vorbild ist auch darin greifbar, daß fast alle oberdeutschen ›Sangspruchdichter‹ neben dem Sangspruch Minnelieder verfaßten. Zu nennen sind in diesem Zusammenhang: Der Marner, Friedrich von Sonnenburg, der Schulmeister von Esslingen, der Wilde Alexander und nicht zuletzt Konrad von Würzburg. Um die Mitte des 13. Jahrhunderts verlagern sich die Zentren in den böhmischen Raum und an die Höfe des Ostens und Nordens. Schärfer umrissene Individualitäten, die mit diesem Raum zusammengebracht werden müssen, sind Reinmar von Zweter, der Meißner, Rumelant von Sachsen und vor allem der gelehrte Heinrich von Meißen, genannt Frauenlob, mit dem sich dann auch die lokalen Eigentümlichkeiten wieder verwischen.

Bei dieser landschaftlichen Charakterisierung sollte man aber nicht vergessen, daß sie auf der charakteristischen Art der Überlieferung mhd. Lyrik beruht. Die großen obd. Handschriften, besonders die Hs. C, sind alle im Südwesten entstanden und überliefern nahezu nur Minnedichtung obd. Autoren. Umgekehrt tradiert der Hauptüberlieferungsträger md. Autoren, die jüngere Hs. J aus dem nd./md. Grenzraum, faktisch ausschließlich Sangspruchdichtung. Bei dieser Überlieferungslage muß der Betrachter notwendig mit Verwerfungen im literarhistorischen Bild rechnen (s. weiter Roethe 1887, S. 239ff.).

Über die Beschreibung allgemeiner Entwicklungstendenzen des Sangspruchs hinaus wäre in einem historischen Abriß eine wertende Überschau, die den Dichtern nach Walther ihren Platz in der Geschichte des Sangspruchs anweist, wünschenswert. Aber sie ist nach dem heutigen Stand der Forschung noch nicht möglich. Denn nur wenige Sänger haben bisher eine erschöpfende Behandlung erfahren (und werden deswegen möglicherweise überschätzt; so etwa Bruder Wernher, Reinmar von Zweter, Meister Alexander, Konrad von Würzburg und neuerdings der Meißner und der Marner), andere sind noch zu wenig bekannt (Rumelant von Sachsen, Regenbogen, aber auch Friedrich von Sonnenburg und selbst Frauenlob und die kleineren Dichter, deren Wert man nur in einem Gesamtüberblick ermessen könnte). Hinzu kommt, daß es schwer ist, einen Darstellungsmodus zu finden. Eine rein chronologische Reihung ist aufgrund der Datenlage nicht möglich. Wenig Erfolg verspricht auch der Versuch, über Vorbilder Traditionslinien auszuziehen. Außer einer Walther-Tradition, die zudem noch präzise zu beschreiben wäre, gibt es keine größeren Ansatzpunkte. Walther als Vorbild könnte man in politisch-aktuellen Strophen Bruder Wernhers, Reinmars von Zweter, von Wengen, des Schulmeisters von Esslingen, Leutholts von Seven und Sigehers vermuten.

Unter Umständen könnte man aber aus der oft angesprochenen thematischen und stilistischen Gleichmäßigkeit der Autoren einen Gewinn ziehen. Da die meisten Autoren weniger durch die benutzten als durch die bevorzugten oder ausgesparten Textelemente Profil gewinnen, wirft eine Beschreibung, die die Auswahl aus dem Arsenal der Möglichkeiten in den Mittelpunkt stellt, gewisse Schlaglichter, welche die Szene beleuchten. Dies beginnt schon bei der Auswahl der lyrischen Gattungen (wie sie die Literaturgeschichte traditionell vorgibt). Minnelied, Sangspruch und Leich: Walther von der Vogelweide, Konrad von Würzburg und Frauenlob pflegen alle drei. In Sangspruch und Leich versuchen sich Reinmar von Zweter und Hermann Damen. Minnelied und Sangspruch haben relativ viele in ihrem Œuvre (s. Kap. III, S. 30f.), in einem größeren Maße allerdings nur der Kanzler und der Marner. Wenn man in einem kleineren Werk ein Motiv oder Thema nicht findet, mag das zufällig sein. Wenn bei Konrad von Würzburg die politisch-aktuellen Sangsprüche fast ganz fehlen, bei Hermann Damen das für den Sangspruch so charakteristische *milte*-Thema, bei Reinmar von Zweter Bettelstrophen und Kollegenschelte oder der Kanzler religiöse Themen ausspart, so lassen diese Aussparungen vielleicht doch Schlüsse auf die Person zu. Ähnlich, aber noch zurückhaltender könnte man argumentieren, wenn man gewisse Vorlieben einzelner Autoren analysiert. An die dunklen Bilder und allegorischen Verschlüsselungen beim wilden Alexander und vollends bei Frauenlob, der immer neue *redebluomen* erfindet, kann man hier denken oder an Boppes Vorliebe für Namenskataloge und an seine anaphorischen Reihen, an Reinmars dezidierte Eintonigkeit oder an Marners häufige Verwendung der Fabel. Mit Sicherheit wird man den Versuch Sonnenburgs, die Sangspruchdichtung geistlich zu durchdringen, oder die extrem moralistische Position des Hardeggers als einen Schritt zur Individuation betrachten. Bruder Wernhers »nackte Bettelpoesie« (Roethe 1887, S. 225) war es sicher, auch wenn man es heute nicht mehr als moralisches Defizit betrachtet, wie es das 19. Jahrhundert tat. Schon die Zeitgenossen werteten seine *twinclied* als eine Art Markenzeichen (vgl. Rubin und Rüdeger HMS III,31,2). Gelegentlich ist es auch nur eine Sache, die einen Autor für die Literaturgeschichte merkwürdig macht: etwa die frühe Gestaltung des Bildes von der Frau Welt, das für die Literatur- und Kunstgeschichte des Spätmittelalters so bedeutsam wurde, durch Guter.

Daß mit solcher Betrachtung keine Werturteile verbunden sind, ergibt sich allein aus der fehlenden Systematik, aber auch aus der Tatsache, daß tüchtige Autoren, welche die ganze Palette von The-

men und Gegenständen der Sangspruchdichtung präsentieren, eben
deswegen nicht in Listen dieser Art auftauchen. Rumelant von Sachsen wäre ein Beispiel für solch einen Autor. Daß Beobachtungen
dieser Art auch durch den Beobachtungsstandpunkt bedingt sind,
ergibt sich schon daraus, daß spätere Zeitgenossen der Sangspruchdichter dasselbe Verfahren anwendeten und zu abweichenden, aber
auch zu übereinstimmenden Urteilen kommen:

> *REymar, din sin der beste was.*
> *her walther donet baz.*
> *her Nithart blumen vnde gras*
> *besank noch baz on sunder haz.*
> *vf kunst der aller beste was von wirzeburg meister Cunrad.*
> *Wer parcifalen ie gelas,*
> *Den wundert billich daz,*
> *wie daz der meister ie genas,*
> *biz er die rime alle maz;*
> *Her wolferam von Eschenbach daz allermeist getichtet hat.*
> *Auch bruder wernher der werlde vil getruwes riet.*
> *Von sunneburg der Gotheit vns ein teil beschiet.*
> *Der marnher was ein man,*
> *daz er florirte sinen sang, als der wol vber gulden kan.*
> *Des Boppen sang von vogel, tyren wol gebispelt ist.*
> *noch wol genist   des vrauwenlobes list.*
> *Dem regenbogen niht gebrist.*
> *Des Erenboten sang was slecht. Nv̆ walt ir got, der wore crist,*
> *vmb ir lere manigfalt in siner hṏsten mayestat!*

(Lupold Hornburg v.46-64, bei Eva und Hansjürgen Kiepe [s. Literatur zu Kap. I, Anthologien], S. 87f.)

Einzig die Töneverwendung könnte für Differenzierung und Wer-
tung deutliche Fingerzeige geben. Zu Walthers Innovationen gehörte ja auch die minnesängerische Tonverwendung, d.h. für jedes Lied
war im Sinne der romanischen *bona-canso*-Vorstellung ein neuer
Ton zu erfinden. Walther setzte sich damit vom Typ des Sangspruchdichters Herger bzw. Spervogel ab, die vorzüglich in einem
Ton gedichtet hatten. Viele Sangspruchdichter nehmen das neue
Prinzip auf. Der Meißner hat 20 Töne, Marner 15, Rumelant 10,
Hermann Damen und Bruder Wernher 6. Selbst Meister mit einem
kleinen Œuvre singen in verschiedenen Tönen (etwa der Hardegger
4, Kelin 3, der Unverzagte 3). Man könnte vermuten, daß die Sangspruchdichter sich durch dieses Prinzip von *künstelosen* absetzten
und so ihr Genre zu adeln versuchten. Für eine wertende Überschau

wäre dies ein qualifizierendes Kriterium und eine Möglichkeit zur Hierarchisierung: Töneerfindende Spruchmeister wären die vornehmsten, es folgten Dichter, die in einem selbsterfundenen Ton singen, und dann solche, welche die Töne anderer Meister benutzten (›Nachsänger‹). Aber der Autor mit dem größten Œuvre zwischen Walther und Frauenlob, nämlich Reinmar von Zweter, ignoriert bekanntlich dieses neue Prinzip der Tönevielfalt und kommt wie Herger und einige kleinere Autoren (Stolle, Höllefeuer, der Henneberger, Singauf u.a.) weitgehend mit einem Ton aus. Eine Erklärung fällt schwer, da Reinmar nicht nur zu den produktivsten, sondern auch zu den geachtetsten Meistern der Zeit gehörte, wie die handschriftliche Überlieferung erweist (26 Handschriften bzw. Handschriftenfragmente überliefern seine Strophen). Möglicherweise empfindet er sich als Meister des Wortes, das durch abwechslungsreiche Musik nur zugedeckt würde.

5. Das Ende des Sangspruchs

Über den Kanon der Sangspruchdichter und damit über das Ende der Sangspruchdichtung gibt es in der Forschung einen unausgesprochenen Konsens. Praktisch enden die meisten Untersuchungen mit Frauenlob und Regenbogen, wobei der erstere gelegentlich als eine Art Fluchtpunkt der Sangspruchentwicklung dargestellt wird. Noch einmal erscheint in seinen Strophen die ganze Breite spruchmeisterlichen Singens, und alle Tendenzen, die in der Gattung angelegt sind, kommen bei ihm zu einer letzten Konsequenz. Erst er verwendet das Bild, das ja schon von den Anfängen an eines der wichtigsten Stilmittel des Sangspruches ist, mit prätentiöser Kühnheit und in überquellender Fülle und lotet die Möglichkeit dieser ausdrucksvollsten Figur des uneigentlichen Sprechens voll aus, ästhetisch als Schmuck und typologisch als Deutungspotential. Er gilt weiter als Meister des geblümten Stils, einer Stilform, die schon Konrad von Würzburg und andere vor ihm pflegten, die aber durch sein Vorbild zu einer der bedeutendsten künstlerischen Ausdrucksformen der Lyrik des späten Mittelalters wurde. Frauenlob kann auch als ein gewisser Endpunkt in den Bemühungen um begriffliche Klärung der Morallehre gelten. Hier hatte zwar Reinmar von Zweter – wie oben dargelegt – vorgearbeitet, aber ein ausgeprägtes Begriffsbewußtsein präsentiert erst Frauenlob.

Frauenlob mag sich auch selbst als einen Endpunkt, jedenfalls als
einen Höhepunkt gesehen haben. Mit einer sonst in der Sangspruchdichtung unbekannten Direktheit macht er sich zum unüber-
troffenen Sangesmeister:

> *Swer ie gesang und singet noch*
> *– bi grünem holze ein fulez bloch-,*
> *so bin ichz doch*
> *ir meister noch.* (V, 115, 13-16)

(Der Widerspruch gegen ein solch überhebliches Selbstlob blieb natürlich nicht aus, vgl. ebd. V,116-119 G.)

Für einen Einschnitt um 1330/50 sprechen auch noch andere
Gründe. Frauenlob markiert mit seiner Dichtung das Ende der ersten Überlieferungsphase mhd. Lieddichtung. Bis dahin war die
mhd. Lyrik, Minnesang ebenso wie Sangspruchdichtung, durch die
großen Liederhandschriften A B C E J und ihre Überlieferungs-
bedingungen bzw. -intentionen bestimmt. Das Ende dieser Überlieferungsform markiert auch das Erlöschen des Interesses in adeligen Kreisen, die bis dahin die Überlieferung getragen hatten. Die
Papierhandschriften des 15. Jahrhunderts dokumentieren nun neue
Sammelintentionen und -organisationen. Brunner (1978, S. 105f.)
sieht hier einen Systemwandel. »Das ältere ›System‹ der Lieddichtung mit seinem Repertoire von Liedtypen, inhaltlichen Konventio-
nen und stilistischen Verfahrensweisen wird in dieser Zeit mehr und
mehr überwunden – das nicht weniger festgefügte ›System‹ der
Lieddichtung des späteren 15. und des 16. Jahrhunderts wird entwickelt«. Ab der Mitte des 14. Jahrhunderts – auch das ist ein Aspekt – tritt dann an die Stelle des töneerfindenden Sangspruchdichters ein Dichtertyp, der in den Tönen der alten Meister singt. Mit
der Übernahme von Tönen stellt er sich bewußt in eine Tradition,
aber eben in eine abgeschlossene Tradition (Schanze 1983, S. 1ff.).
Über einen dritten Aspekt herrscht kein Konsens. Denn wer der
Sangspruchdichtung von vornherein »echte Mehrstrophigkeit« (ob
sie immer verwirklicht ist, ist eine andere Frage) zugesteht, wird das
Aufgeben der Einzelstrophe, wie es das meistersingerische Lied zeigt,
nicht als Merkmal einer Zäsur werten. Dennoch muß auf diese Erscheinung aufmerksam gemacht werden: Die Einzelstrophe hat die
Sangspruchdichtung von den Anfängen an begleitet. Nach 1330/50
verschwindet sie jedoch aus dem meistersingerischen Schaffen.

Ein Einschnitt um diese Zeit scheint im übrigen nicht nur ein
Merkmal der deutschen Lyrik zu sein. Jedenfalls löst sich in Frank-
reich um die Wende zum 14. Jahrhundert das bis dahin bestehende

Gefüge der höfisch bestimmten lyrischen Genera auf, und es zieht ein neues System auf, das sich stärker formalistisch definiert. Dies ist mit der im Vergleich zur deutschen Lyrik immer zu beachtenden Phasenverschiebung von 30-40 Jahren exakt der gleiche Zeitpunkt.

In neuerer Zeit möchte man auch die Meister des 14. und 15. Jahrhunderts zur Sangspruchdichtung zählen – und das mit gewissem Recht. Denn die Spruchlieder dieser Meister bilden durchaus eine historische Reihe mit denen Reinmars von Zweter und Frauenlobs, wenn man – wie oben – den Sangspruch als literarische Erscheinung mit Mitteln des Literaturhistorikers beschreibt. Auch sehen sich die späteren Sangesmeister selbst als Glieder einer langen Traditionsreihe, wie die ›Literaturgeschichte‹ der Meistersinger von Lupold Hornburg von Rotenburg aus der Mitte des 14. Jahrhunderts bis zu Cyriakus Spangenberg am Ende des 16. Jahrhunderts erkennen läßt. In Namenskatalogen gedenken sie der zwölf alten Meister, welche die Meisterkunst zu allererst erfunden haben. Wenn auch die Auswahl der Namen im Laufe der Jahrhunderte schwankt, es sind bekannte Namen von Sangspruchdichtern des 13. Jahrhunderts. Bei Lupold etwa finden wir: Reinmar von Zweter, Walther von der Vogelweide, Neidhart, Wolfram von Eschenbach, Konrad von Würzburg, Boppe, Marner, Regenbogen, Frauenlob, Friedrich von Sonnenburg, Bruder Wernher und *erenbot* (vgl. Kiepe 1972, Bd. 2, S. 86f.). Die übliche Reihe umfaßt die Namen: Wolfram, Walther, Reinmar, Klingsor, Ofterdingen, Marner, Frauenlob, Regenbogen, Kanzler, Boppe, Stolle, Mügeln.

Allerdings wird man bei diesen Überlegungen neben dem, was schon oben angeführt wurde, noch folgendes beachten müssen:

1. Von der Sangspruchdichtung des 14. Jahrhunderts ist nicht viel überliefert (neben Mügeln eigentlich nur die Strophen aus den an D angebundenen Faszikeln H/h und R und die aus der Meistersangüberlieferung herauszufilternden Sangsprüche), und dies wenige ist, abgesehen von den Arbeiten zu Mügeln, noch nicht gründlich untersucht.
2. Die Themenvielfalt der Sangspruchdichtung reduziert sich, geistliche Stoffe dominieren; die Strophenformen schwellen auf, die Verse werden gleichförmiger (die Kolmarer Liederhandschrift etwa kennt nur noch auftaktige alternierende Verse), die Strophik setzt auf genormte Bauteile und auf starre Symmetrien.
3. Die Produktion und Rezeption steht unter anderen Bedingungen: Im literarischen Schaffen ist das Lied nur noch eines der gepflegten Genres (vgl. etwa Heinrich von Mügeln oder Michael

Beheim), und der (fahrende) Berufssänger wird von seßhaften
Handwerkern, von Dilettanten, die in Singschulen nach festen
Regeln dichten, abgelöst.

4. Mit Heinrich von Mügeln beginnt die Bindung an die ritterliche
Gesellschaftsordnung, die so stark die Ethik der Sangspruchdichter bestimmte, sich zu lockern.

Kontinuitäten und Diskontinuitäten also, Innovationen und Experimente, die sich im späten 14. Jahrhundert überlagern, so daß ein
klarer Schnitt zwischen Sangspruch und Meistersang nicht möglich
ist, es sei denn, man beschränkt den Begriff ›Meistersänger‹ streng
auf die soziologische Sphäre und nennt ›Meistersänger‹ nur solche
Autoren des 15. – 17. Jahrhunderts, deren dichterische Tätigkeiten
den Stempel der städtischen Zünfte und ihrer poetischen Bestrebun-
gen tragen (Stackmann 1958, S. 9f.). Aufgrund dieser Sachlage ist
der Versuch Schanzes (1983), die »meisterliche Liedkunst zwischen
Heinrich von Mügeln und Hans Sachs« (Muskatblüt, Beheim, Har-
der, Lesch, Folz u.a.) als einen eigenständigen Gattungsausschnitt zu
betrachten, mehr als eine Verlegenheitslösung für die Literaturgeschichtsschreibung. Er hat einen doppelten Vorteil: Er gestattet
nicht nur, die meisterliche Liedkunst zwischen dem 14. und 16.
Jahrhundert selbst präziser zu beschreiben, sondern auch die Sangspruchdichtung von Herger bis Frauenlob.

Literaturverzeichnis

Literatur zu Kap. I

Einführende Literatur, Überblicke
Schneider, Hermann: Mhd. Spruchdichtung. RL[1], Bd. 3. Berlin 1928/29, S. 287-293.
Boor, Helmut de: Geschichte der deutschen Literatur. Bd. 3,1: Die dt. Literatur im späten Mittelalter. Berlin 1962, S. 407-481.
Tervooren, Helmut: Mhd. Spruchdichtung. RL[2], Bd. 4. Berlin 1979, S. 161-169.
Seitz, Dieter: Politische Spruchdichtung im 13. Jahrhundert. In: *Frey,* Winfried, *Raitz,* Walther, *Seitz,* Dieter (Hgg.): Einführung in die deutsche Literatur des 12. bis 16. Jahrhunderts. Bd. 2: Patriziat und Landesherrschaft – 13.-15. Jh. Opladen 1979, S. 41-79.
Wehrli, Max: Geschichte der deutschen Literatur vom frühen Mittelalter bis zum Ende des 16. Jahrhunderts. Stuttgart [2]1984, S. 331-334; 383-388; 439-454.
Heinemann, Wolfgang: Didaktische Lyrik nach Walther von der Vogelweide. In: Geschichte der deutschen Literatur. Bd. 2: Mitte des 12. bis Mitte des 13. Jahrhunderts, hg. v. einem Autorenkollektiv unter Leitung von R. *Bräuer.* Berlin 1990, S. 610-627.
Müller, Ulrich: Klassische Lyrik des deutschen Hochmittelalters – Entfaltung von Minnesang und politischer Lyrik zu weltliterarischem Rang. Ebd., S. 503-609.

Weitere Literatur zu Kap. II

Schneider, Erwin: Spruchdichtung und Spruchdichter in den Handschriften J und C. ZfdPh 66 (1941), S. 16-36.
Schweikle, Günther: Reinmar der Alte. Grenzen und Möglichkeiten einer Minnesang-Philologie. Handschriftliche und überlieferungsgeschichtliche Grundlagen. (Ungedr.) Habil.-Schrift. Stuttgart 1965.
Stackmann, Karl: Mittelalterliche Texte als Aufgabe. Festschr. Trier. Köln/Graz 1964, S. 240-267.
Tervooren, Helmut: Doppelfassungen bei Spervogel. ZfdA 99 (1970), S. 163-178.
Brunner, Horst: Überlieferung und Rezeption der mhd. Lyriker im Spätmittelalter und in der frühen Neuzeit. In: *Müller-Seidel,* Walter (Hg.): Historizität in Sprach- und Literaturwissenschaft. Vorträge und Berichte der Stuttgarter Germanistentagung 1972. München 1974, S. 133-141.
Brunner, Horst: Die alten Meister. Studien zu Überlieferung und Rezeption der mhd. Sangspruchdichter im Spätmittelalter und in der frühen Neuzeit. München 1975 (MTU 54).
Kühnel, Jürgen: Der ›offene Text‹. Beitrag zur Überlieferungsgeschichte volkssprachlicher Texte des Mittelalters. Akten des 5. Internat. Germanistenkongresses Cambridge 1975. Bern/Frankfurt 1976. Bd. 2, S. 311-321.

Pickerodt-Uthleb, Erdmute: Die Jenaer Liederhandschrift. Metrische und musikalische Untersuchungen. Göppingen 1975 (GAG 99).

Moser, Hugo/*Tervooren*, Helmut: Editionsprinzipien, Melodien, Handschriften, Erläuterungen. In: MF II. Stuttgart 1977, S. 7-30.

Stackmann 1981 (s. Ausgaben).

Wachinger, Burghart: Der Anfang der Jenaer Liederhandschrift. ZfdA 110 (1981), S. 299-306.

Schweikle, Günther: Vom Edieren mhd. Lyrik. Theorie und Praxis. Eine Replik. Beitr. 104 (Tüb. 1982), S. 231-255.

Schanze, Frieder: Meisterliche Liedkunst zwischen Heinrich von Mügeln und Hans Sachs. 2 Bde. München 1983/1984 (MTU 82/83).

Schweikle, Günther: Zur Edition mhd. Lyrik. Grundlagen und Perspektiven. ZfdPh 104 (1985), Sonderh., S. 2-18.

Schiendorfer, Max: Handschriftliche Mehrfachzuweisungen: Zeugen sängerischer Interaktion im Mittelalter? Euph. 79 (1985), S. 66-94.

Klein, Thomas: Zur Verbreitung mhd. Lyrik in Norddeutschland (Walther, Neidhart, Frauenlob). ZfdPh 106 (1987), S. 72-112.

Voetz, Lothar: Überlieferungsformen mhd. Lyrik. Codex Manesse. Die große Heidelberger Liederhandschrift. Texte, Bilder, Sachen. Hg. v. E. *Mittler* und W. *Werner*. Heidelberg 1988, S. 224-274.

Brunner, Horst: Dichter ohne Werk. Zu einer überlieferungsbedingten Grenze mittelalterlicher Literaturgeschichte. Festschr. K. Ruh. Tübingen 1989, S. 1-17.

Schanze, Frieder: Zur Liederhandschrift X. In: *Honemann*, Volker und *Palmer*, Nigel F. (Hgg.): Deutsche Handschriften 1100-1400. Oxforder Kolloquium 1985. Tübingen 1988, S. 316-329.

Tervooren, Helmut: Überlegungen zur Wahl der Leithandschrift in mhd. lyrischen Texten. In: Rolf *Bergmann*, Kurt *Gärtner* u.a. (Hgg.): Methoden und Probleme der Edition mittelalterlicher deutscher Texte. Tübingen 1993, S. 19-31 (Beihefte zu editio 4).

Schweikle, Günther: Mittelhochdeutsche Minnelyrik. I. Frühe Minnelyrik. Texte und Übertragungen, Einführung und Kommentar. Stuttgart/Weimar 1993, S. 5-35.

Bein, Thomas (Hg.): Altgermanistische Editionswissenschaft. Frankfurt 1994 (Dokumentation germanistischer Forschung 1).

Holznagel, Franz-Josef: Wege in die Schriftlichkeit. Untersuchungen und Materialien zur Überlieferung der mhd. Lyrik. Tübingen-Basel 1995 (Bibliotheca Germanica 32).

Literatur zu Kap. III

(Sekundärliteratur zu einzelnen Autoren ist hier wie im folgenden nur aufgeführt, wenn die Arbeiten ausführlicher zu den in dem Kapitel behandelten Aspekten Stellung nehmen. Das heißt auch, daß der Benutzer notwendig das ›Verfasserlexikon‹ und die anderen einschlägigen Hilfsmittel heranziehen muß).

Rockinger, L: Briefsteller und Formelbücher des 11. -14. Jahrhunderts. Quellen und Erörterungen zur bayerischen und deutschen Geschichte. IX. Bd. München 1863/64. (Nachdruck New York 1961).

Roethe 1887 (s. Lit. zu Kap. II. Einzelausgaben).

Vogt, Friedrich: Leben und Dichten der deutschen Spielleute im Mittelalter. Halle 1876.

Grimme, Fritz: Die Bezeichnung *her* und *meister* in der Pariser Handschrift der Minnesinger. Germania 33 (1888), S. 437-448.

Schönbach, Anton E.: Studien zur Geschichte der altdt. Predigt Bd. 2. SB Wien 142 (1900), Abhdl. VII, bes. S. 58f.

Wallner, Anton: Herren und Spielleute im Heidelberger Liedercodex. Beitr. 33 (1908), S. 483-540.

Faral, Edmond: Les jongleurs en France au moyen-âge. Paris 1910. Nachdruck New York 1970.

Mönckeberg, Adolf: Die Stellung der Spielleute im Mittelalter. I. Spielleute und Kirche im Mittelalter. Diss. Freiburg. Berlin-Leipzig 1910.

Viëtor, Karl: Die Kunstanschauung der höfischen Epigonen. Beitr. 46 (1922), S. 85-124.

Hampe, Theodor: Die fahrenden Leute in deutscher Vergangenheit. Jena 1924.

Steinger, Hans: Fahrende Dichter im deutschen Mittelalter. DVS 8 (1930), S. 61-79.

Fechter, Werner: Das Publikum der mhd. Dichtung. Frankfurt 1935. Nachdruck Darmstadt 1972.

Boesch, Bruno: Die Kunstanschauung in der mhd. Dichtung von der Blütezeit bis zum Meistersang. Bern-Leipzig 1936.

Stackmann, Karl: Der Spruchdichter Heinrich von Mügeln. Vorstudien zur Erkenntnis seiner Individualität. Heidelberg 1958.

Gernentz, Hans Joachim: Die gesellschaftliche Stellung des Dichters in Deutschland um 1200. Ws. Zeitschr. der Univ. Rostock. Gesellschafts- und sprachwiss. Reihe. Bd. 9 (1959/60), S. 121-125.

Bäuml, Franz H.: »Guot umb êre nemen« and ministrel ethics. Journal of English and German Philology 59 (1960), S. 173-183.

Salmen, Walter: Der fahrende Musiker im europäischen Mittelalter. Kassel 1960. Erweiterter Nachdruck Innsbruck 1983.

Hüschen, Heinrich: Berufsbewußtsein und Selbstverständnis von musicus und cantor im Mittelalter. In: P. *Wilpert* (Hg.): Beiträge zum Berufsbewußtsein des mittelalterlichen Menschen. Berlin 1964, S. 225-238 (miscellanea mediævalia 3).

Tschirch, Fritz: Das Selbstverständnis des mittelalterlichen deutschen Dichters. Ebd., S. 239-285.

Tervooren, Helmut: Einzelstrophe oder Strophenbindung? Untersuchungen zur Lyrik der Jenaer Handschrift. (Diss.) Bonn 1967.

Heger, Hedwig: Das Lebenszeugnis Walthers von der Vogelweide. Die Reiserechnungen des Passauer Bischofs Wolfger von Erla. Wien 1970.

Curschmann, Michael: Waltherus cantor. Oxford German Studies 6 (1971) 2, S. 5-17.

Mundschau, Heinz: Sprecher als Träger der ›tradition vivante‹ in der Gattung ›Märe‹. Göppingen 1972 (GAG 63).

Wachinger, Burghart: Sängerkrieg. Untersuchungen zur Spruchdichtung des 13. Jahrhunderts. München 1973 (MTU 42).

Franz, Kurt: Studien zur Soziologie des Spruchdichters in Deutschland im späten 13. Jahrhundert. Göppingen 1974 (GAG 111).

Pickerodt-Uthleb, Erdmute: Die Jenaer Handschrift. Metrische und musikalische Untersuchungen. Göppingen 1975 (GAG 99).

Suchomski, Joachim: ›Delectatio‹ und ›utilitas‹. Ein Beitrag zum Verständnis mittelalterlicher komischer Literatur. Bern 1975 (Bibliotheca Germanica 18).

Ilgner 1975 (s. Lit. zu Kap. V).

Schmidtke, Dietrich: Mittelalterliche Liebeslyrik in der Kritik mittelalterlicher Moraltheologen. ZfdPh 95 (1976), S. 321-345.

Cramer, Thomas: Minnesang in der Stadt. Überlegungen zur Lyrik Konrads von Würzburg. In: Philologie und Geschichtswissenschaft, hg. v. H. *Rupp*. Heidelberg 1977, S. 63-73.

Kuhn, Hugo: Determinanten der Minne. Zs. f. Literaturwiss. u. Linguistik. Heft 26 (1977), S. 83-94.

Geremek, Bronislaw: Geschichte der Armut. Elend und Barmherzigkeit in Europa. München 1991 (polnisch 1978).

Bumke, Joachim: Mäzene im Mittelalter. Die Gönner und Auftraggeber der höfischen Literatur in Deutschland 1150-1300. München 1979.

Schreier-Hornung, Antonie: Spielleute, Fahrende, Außenseiter. Künstler der mittelalterlichen Welt. Göppingen 1981 (GAG 398).

Kästner, Hannes: Harfe und Schwert. Der höfische Spielmann bei Gottfried von Straßburg. Tübingen 1981, S. 8-30 (Untersuchungen z. dt. Literaturgesch. 30).

Bumke, Joachim (Hg.): Literarisches Mäzenatentum. Ausgewählte Forschungen zur Rolle des Gönners und Auftraggebers in der mittelalterlichen Literatur. Darmstadt 1982 (WdF 598).

Hartung, Wolfgang: Die Spielleute. Eine Randgruppe in der Gesellschaft des Mittelalters. Wiesbaden 1982 (Vjschr. f. Sozial- u. Wirtschaftsgesch. 72).

Schwob, Anton: Plädoyer für die wandernden Literaten: Friedrich von Sonnenburg (Spruch 67, 68 und 69). Festschr. G. F. *Jones*, Göppingen 1983, S. 457-478 (GAG 362).

Wachinger, Burghart: Anmerkungen zum Marner. ZfdA 114 (1985), S. 70-87.

Le Goff, Jacques: Die Intellektuellen im Mittelalter. Stuttgart 1986 (frz. 1957, ²1984).

Curschmann, Michael: Sing ich dien liuten mîniu liet,... Spruchdichter als Traditionsträger der spätmittelalterlichen Heldendichtung. Kontroversen alte und neue. Akten des internat. Germanistenkongresses Göttingen 1985. Bd. 8, Tübingen 1986, S. 184-193.

Wenzel, Horst: Zentralität und Regionalität. Zur Vernetzung mittelalterlicher Kommunikationszentren in Raum und Zeit. Ebd. Bd. 8, S. 14-26.

Kemp, Wolfgang: Sermo corporeus. Die Erzählung der mittelalterlichen Glasfenster. München 1987, S. 169-190.

Wittstruck, Wilfried: Der dichterische Namengebrauch in der deutschen Lyrik des Spätmittelalters. München 1987 (Münstersche Mittelalterschriften 61).

Behr, Hans-Joachim: Literatur als Machtlegitimation. Studien zur Funktion der deutschsprachigen Dichtung am böhmischen Königshof im 13. Jahrhundert. München 1989 (Forsch. z. Gesch. d. älteren dt. Literatur 9).

Hucker, Bernd Ulrich: Ein zweites Lebenszeugnis Walthers? In: Walther von der Vogelweide. Beiträge zu Leben und Werk. Hg. v. D. *Mück*. Stuttgart 1989, S. 1-30.

Margetts, John: Ein Sänger ist seines Lohnes wert: *qui (non) sibi professionis finem in pecunia seu gloria constituat ac proponat.* Ebd., S. 61-74.

Nellmann, Eberhard: Spruchdichter oder Minnesänger. Zur Stellung Walthers am Hof Philipps von Schwaben. In: Walther von der Vogelweide. Hamburger Kolloquium, hg. v. J.-D. *Müller* und F. J. *Worstbrock*. Stuttgart 1989, S. 37-59.

Scheele, Friedrich: Spilleute... die sint alle rechtelos. Zur rechtlichen und sozialen Stellung des Spielmanns in Text und Bild des Sachsenspiegels. In: Ruth *Schmidt-Wiegand*, Dagmar *Hüpper* (Hgg.): Der Sachsenspiegel als Buch. Frankfurt 1991, S. 315-357.

Literatur zu Kap. IV

Nickel, Wihelm: Sirventes und Spruchdichtung. Berlin 1907 (Palaestra 63).

Moll, Willem Hendrik: Über den Einfluß der lateinischen Vagantendichtung auf die Lyrik Walthers von der Vogelweide und die seiner Epigonen im 13. Jahrhundert. Amsterdam 1925.

Moser, Hugo: Die hochmittelalterliche deutsche ›Spruchdichtung‹ als übernationale und nationale Erscheinung. ZfdPh 76 (1957), S. 241-268. Wieder abgedruckt: *Moser*, Kleine Schrr., S. 150-173.

Wareman, Piet: Les débuts du lyrisme profane au moyen âge latin. Neophil. 42 (1958), S. 89-107.

Dronke, Peter: Die Lyrik des Mittelalters. Eine Einführung. München 1973.

Rieger, Dietmar: Sirventes. In: GRLMA. Vol. II: Les genres lyriques. Tom. I, 4. Heidelberg 1980, S. 9-61.

Leube, Christiane: Cobla. Ebd., S. 67-72.

Bergner, Heinz (Hg.): Lyrik des Mittelalters I. Die mittellateinische Lyrik [Paul *Klopsch*]. Die altprovenzalische Lyrik [Dietmar *Rieger*]. Die mittelalterliche Lyrik Nordfrankreichs [Friedrich *Wolfzettel*]. Stuttgart 1983 (RUB 7896).

Ringger, Kurt: Die Trobadorlyrik im Spiegel der poetischen Gattungen. In: *Janik*, Dieter (Hg.): Die französische Lyrik. Darmstadt 1987, S. 1-61.

Literatur zu Kap. V

Themen, Stoffe:

Geisler, Walter: Fürsten und Reich in der politischen Spruchdichtung des deutschen Mittelalters nach Walther von der Vogelweide. Greifswald 1921.

Behrendt, Martin: Zeitklage und laudatio temporis acti in der mhd. Lyrik. Berlin 1935 (Germanist. Studien 166). Nachdruck Lichtenstein 1967.

Diesenberg, Hans: Studien zur religiösen Gedankenwelt in der Spruchdichtung des 13. Jahrhunderts. Diss. Bonn 1937.

Weber, Alfons: Studien zur Abwandlung der höfischen Ethik in der Spruchdichtung des 13. Jahrhunderts. Diss. Bonn. Würzburg 1937.

Gent, Herta: Die mhd. politische Lyrik. Breslau 1938 (Deutschkundl. Arbeiten 13).

Scholz, Manfred: Der Wandel der Reichsidee in der nachwaltherischen Spruchdichtung. Diss. (masch.) FU Berlin 1951.

Hellmich, Peter: Die Gelehrsamkeit in der mhd. Spruchdichtung. Diss. (masch.) Tübingen 1952.

Hepperle, Edgar: Mhd. religiöse Spruchlyrik in ihrem Verhältnis zu den frühdt. kleineren dichterischen Denkmälern religiöser und theologischer Art. Diss. (masch.) Tübingen 1958.

Stackmann 1958 (s. Lit. zu Kap. III).

Eifler, Günter (Hg.): Ritterliches Tugendsystem. Darmstadt 1970 (WdF 56).

Schupp, Volker: Deutsche politische Lyrik des 13. Jahrhunderts von Walther von der Vogelweide bis Frauenlob. (ungedr.) Habil.-Schrift. Freiburg 1970.

Kern, Peter: Trinität, Maria, Inkarnation. Studien zur Thematik der deutschen Dichtung des späteren Mittelalters. Berlin 1971 (Phil. Studien u. Quellen 55).

Ploss, Emil E.: Akzente politischer Dichtung. Von Walther von der Vogelweide bis Ulrich von Hutten. Akten des IV. internationalen Germanistenkongresses 1970 in Princeton, hg. v. V. Lange und H.-G. Roloff. Frankfurt 1971, S. 163-168.

Kleinschmidt, Erich: Herrscherdarstellung. Zur Disposition mittelalterlichen Aussageverhaltens, untersucht an Texten über Rudolf I. von Habsburg. Bern/München 1974 (Bibliotheca Germanica 17).

Mohr, Wolfgang/*Kohlschmidt*, Werner: Politische Dichtung. RL², Bd. 3, ²1977, Sp. 157-220.

Schulze, Ursula: Zur Vorstellung von Kaiser und Reich in staufischer Spruchdichtung bei Walther von der Vogelweide und Reinmar von Zweter. In: Stauferzeit. Geschichte – Literatur – Kunst, hg. v. P. *Wapnewski* u.a. Stuttgart 1987, S. 206-219.

Brunner, Horst: Verkürztes Denken. Religiöse und literarische Modelle in der politischen Dichtung des Mittelalters. In: Festschr. Werner *Hoffmann*. Göppingen 1991, S. 309-333 (GAG 555).

Hohmann, Stefan: Friedenskonzepte. Die Thematik des Friedens in der deutschsprachigen politischen Lyrik des Mittelalters. Köln, Weimar, Wien 1992 (Ordo 3).

Bein, Thomas: Politische Lyrik und Chronistik. Zur Rekonstruktion von Zeitgeschehen am Beispiel Walthers von der Vogelweide (L 105,13). In: Zeitgeschehen und seine Darstellung im Mittelalter – L'actualité et sa représentation au Moyen-Age, hg. v. Chr. Cormeau, Bonn 1995.

› *Gattungen* ‹ *und Darbietungsformen (allg.)*

Kuhn, Hugo: Gattungsprobleme der mhd. Literatur. Sitzungsber. der Bayerischen Akademie der Wissenschaften. München 1956, Heft 4. Wieder abgedruckt: *Kuhn*, Hugo: Dichtung und Welt im Mittelalter. München ²1969, S. 41-61.

Moser, Hugo: Minnesang und Spruchdichtung. Über die Arten der hochmittelalterlichen deutschen Lyrik. Euph. 50 (1956), S. 370-387. Wieder abgedruckt: ders., Kl. Schrr., S. 54-70.

Moser, Hugo: »Sprüche« oder »politische Lieder« Walthers. Euph. 52 (1958), S. 229-246. Wieder abgedruckt: ders., Kl. Schrr., S. 71-88.

Moser, Hugo: »Lied« und »Spruch« in der hochmittelalterlichen deutschen Dichtung. WW 3. Sonderheft 1961, S. 82-97. Wieder abgedruckt: *Moser*, Mhd. Spruchdichtung, S. 180-204; nochmals: ders., Kl. Schrr., S. 89-106.

Ruh, Kurt: Mhd. Spruchdichtung als gattungsgeschichtliches Problem. DVS 42 (1968), S. 309-324. Wieder abgedruckt: *Moser*, Hugo (Hg.): Mhd. Spruchdichtung, S. 205-226.

Moser, Hugo: Noch einmal: Mhd. »Spruchdichtung«. Festschr. K. *Ruh*. Tübingen 1979, S. 247-250. Wieder abgedruckt: ders., Kl. Schrr., S. 107-109.

Müller, Ulrich: Ein Beschreibungsmodell zur mhd. Lyrik – ein Versuch. ZfdPh 98 (1979), S. 53-73.

Tervooren, Helmut: Gattungen und Gattungsentwicklungen in der mhd. Lyrik. In: ders. (Hg.): Gedichte und Interpretationen. Mittelalter. Stuttgart 1993, S. 11-42 (RUB 8864).

›*Gattungen*‹ *und Darbietungsformen (spez.)*

Scherer, Wilhelm: Deutsche Studien [I. Spervogel 1870, II. Die Anfänge des Minnesangs 1874]. Prag – Wien – Leipzig ²1891.

Rodenwaldt, R.: Die Fabel in der Spruchdichtung des 12. Jahrhunderts. Programm Berlin 1885.

Euling, Karl: Das Priamel bis Hans Rosenplüt. Studien zur Volkspoesie. Breslau 1905 (Germanist. Abhandlungen 25). Nachdruck Hildesheim 1977.

Loewenthal, Fritz: Studien zum germanischen Rätsel. Heidelberg 1914 (Germanist. Arbeiten 1).

Sparmberg, Paul: Zur Geschichte der Fabel in der mhd. Spruchdichtung. Diss. Marburg 1914. Marburg 1918.

Boor, Helmut de: Über Fabel und Bîspel. Sb. der Bayerischen Akademie der Wiss. München 1966, 1.

Georgi, Annette: Das lat. und deutsche Preisgedicht des Mittelalters in der Nachfolge des genus demonstrativum. Berlin 1969 (Phil. Studien und Quellen 48).

Wachinger, Burghart: Rätsel, Frage und Allegorie im Mittelalter. In: Festschr. Hugo *Kuhn*, hg. v. I. *Glier* u.a. Stuttgart 1969, S. 137-160.

Teschner, Joachim: Das Bîspel in der mhd. Spruchdichtung des 12. und 13. Jahrhunderts. Diss. Bonn 1965. Bonn 1970.

Nowak, Peter: Studien zu Gehalten und Formen mhd. Gebetslyrik des 13. Jahrhunderts. Diss. Bonn 1975.

Ilgner, Reiner: Scheltstrophen in der mhd. Spruchdichtung nach Walther. Diss. Bonn 1975.

Grubmüller, Klaus: Meister Esopus. Untersuchungen zu Geschichte und Funktion der Fabel im Mittelalter. München 1977 (MTU 56).

Holtorf, Arne: Lügenreden. Verf.-Lex. Bd. 5 (1985), Sp. 1039-1044.

Huber, Christoph: Herrscherlob und literarische Autoreferenz. In: J. *Heinzle* (Hg.): Literarische Interessenbildung im Mittelalter. DFG-Symposium 1991. Stuttgart/Weimar 1993, S. 452-473.

Tomasek, Tomas: Das deutsche Rätsel im Mittelalter. Tübingen 1994 (Hermaea 69).

Gattungsdiskussionen in Nachbardisziplinen

Szövérffy, Josef: Weltliche Dichtungen des lateinischen Mittelalters. Ein Handbuch. Bd. 1: Von den Anfängen bis zur Karolingerzeit. Berlin 1970, S. 27-95.

Jauß, Hans-Robert: Theorie der Gattungen und Literatur des Mittelalters. In: GRLMA. Heidelberg 1972, S. 107-138.

Rieger, Dietmar: Gattungen und Gattungsbezeichnungen der Trobadorlyrik. Tübingen 1976 (Beiheft z. ZfrPh 148).

(s. auch die Literatur zu Kap. IV)

Literatur zu Kap. VI und VII

(Zu den einzelnen Autoren sind die kommentierten kritischen Ausgaben heranzuziehen.)

Scherer 1870 (s. Lit. zu Kap. V).
Giske, Heinrich: Über körner und verwante erscheinungen in der mhd. lyrik. ZfdPh 18 (1886), S. 57-80; 210-249; 329-341.
ders.: Über aneinanderreihung der strophen in der mhd. lyrik. ZfdPh 20 (1888), S. 189-202.
Heusler, Andreas: Deutsche Versgeschichte. Bd. 2. Berlin 1927, [2]1956 (Grundriß der germ. Philologie 8/2).
Brinkmann, Hennig: Zu Wesen und Form mittelalterlicher Dichtung. Halle 1928. Nachdruck Darmstadt 1979.
Gennrich, Friedrich: Grundriß einer Formenlehre des mittelalterlichen Liedes als Grundlage einer musikalischen Formenlehre des Liedes. Halle 1932.
Ipsen, Ingeborg: Strophe und Lied im frühen Minnesang. Beitr. 57 (1933), S. 301-413.
Spanke, Hans: Beziehungen zwischen romanischer und mittellat. Lyrik mit besonderer Berücksichtigung der Metrik und Musik. Berlin 1936 (Abhdl. d. Ges. d. Wiss. Göttingen, phil.-hist. Klasse III, 18).
Curtius, Ernst Robert: Europäische Literatur und lateinisches Mittelalter. Bern 1948, [7]1969.
Maurer, Friedrich: Die politischen Lieder Walthers von der Vogelweide. Tübingen 1954, [3]1972.
Mohr, Wolfgang: Zur Form des mittelalterlichen deutschen Strophenliedes. In: Der deutsche Minnesang, hg. v. H. *Fromm.* Darmstadt 1961, S. 229-254 (WdF XV). [zuerst: DU 5 (1953), Heft 2, S. 62-82].
Bertau, Karl Heinrich: Sangverslyrik. Über Gestalt und Geschichtlichkeit mhd. Lyrik am Beispiel des Leichs. Göttingen 1964 (Palaestra 240).
Tervooren 1967 (s. Lit. zu Kap. III), S. 1-121.
Ruh 1968 (s. Lit. zu Kap. V).
Maurer, Friedrich: Sprachliche und musikalische Bauformen des deutschen Minnesangs um 1200. Poetica 1 (1967), S. 462-482. Wieder abgedruckt in: ders.: Dichtung und Sprache im Mittelalter. Tübingen 1971, S. 375-397 (Bibl. Germanica 10).
Peschel, Christa und Gerd-Dieter: Zur Reimbindung in drei- und mehrzeiligen Stollen in Lied und Sangspruchdichtung des 12. und 13. Jahrhunderts. In: Festschr. S. Beyschlag. Göppingen 1970, S. 131-147 (GAG 25).
Vogt, Gerhard A.: Studien zur Verseingangsgestaltung in der deutschen Lyrik des Mittelalters. Göppingen 1974 (GAG 118).
Brunner 1975 (s. Lit. zu Kap. II).
Pickerodt-Uthleb 1975 (s. Lit. zu Kap. II).
Touber, A. H.: Deutsche Strophenformen des Mittelalters. Stuttgart 1975 (Repertorien zur dt. Literaturgeschichte 6).
Ranawake, Silvia: Höfische Strophenkunst: Vergleichende Untersuchungen zur Formentypologie von Minnesang und Trouvèrelied an der Wende zum Spätmittelalter. München 1976 (MTU 51).
Höver/Kiepe 1978 (s. Lit. zu Kap. II).

Kornrumpf, Gisela und *Wachinger,* Burghart: Alment. Formentlehnung und Tönegebrauch in der mhd. Spruchdichtung. In: *Cormeau,* Christoph (Hg.): Dt. Literatur im Mittelalter. Kontakte und Perspektiven. Stuttgart 1979, S. 356-411.

Meyer, Hans Günther: Die Strophenfolge und ihre Gesetzmäßigkeiten im Minnelied Walthers von der Vogelweide. Ein Beitrag zur »inneren Form« hochmittelalterlicher Lyrik. Königstein 1981 (Dt. Studien 35).

Räkel, Hans-Herbert: >Höfische Strophenkunst<. ZfdA 111 (1982), S. 193-219.

Cramer, Thomas: Über Perspektiven in Texten des 13. Jahrhunderts oder: wann beginnt die Literatur der Neuzeit. In: ders. (Hg.): Wege in die Neuzeit. München 1988, S. 100-119 (Forschungen z. Gesch. d. älteren dt. Literatur 8).

Müller 1990 (s. Lit. zu Kap. I).

Literatur zum Kap. VIII

Die Diskussion zu Lied und Spruch bis 1970 ist dokumentiert und kritisch analysiert bei *Tervooren,* Helmut: >Spruch< und >Lied<. Ein Forschungsbericht. In: *Moser,* Hugo: Mhd. Spruchdichtung, S. 1-25. Zentrale oder zitierte Ausführungen und spätere Arbeiten:

Die Gedichte Walthers von der Vogelweide. Übersetzt von Karl *Simrock* und erläutert von Karl *Simrock* u. Wilhelm *Wackernagel.* Berlin 1833.

Scherer 1870 (s. Lit. zu Kap. V).

Roethe 1887 (s. Lit. zu Kap. II, Einzelausgaben).

Schneider 1928 (s. Lit. zu Kap. I).

Ipsen 1933 (s. Lit. zu Kap. VI und VII).

Maurer 1954 (s. Lit. zu Kap. VI und VII).

Kuhn 1956 (s. Lit. zu Kap. V).

Tervooren 1967 (s. Lit. zu Kap. III).

Titzmann, Michael: Die Umstrukturierung des Minnesang-Sprachsystems zum >offenen< System bei Neidhart. DVS 45 (1971), S. 481-514.

Ruh 1968 (s. Lit. zu Kap. V).

Müller, Ulrich: Untersuchungen zur politischen Lyrik des deutschen Mittelalters. Göppingen 1974, S. 11-22 (GAG 55/56).

Schröder, Werner: Die Lebenszeugnisse Walthers von der Vogelweide. In: *Besch,* Werner u.a. (Hgg.): Studien zur deutschen Literatur und Sprache des Mittelalters. Festschr. H. Moser. Berlin 1974, S. 88-100.

Brunner 1975 (s. Lit. zu Kap. II).

Schneider, Jürgen: Studien zur Thematik und Struktur der Lieder Neidharts. 2 Bde. Göppingen 1976, S. 187ff. (GAG 196/197).

Höver/Kiepe 1978 (s. Lit. zu Kap. II).

Richter, Lukas: Spruch und Lied. Zum Melodiestil des Wilden Alexander. In: Jb. Peters 1979 (Edition Peters). Leipzig 1980, S. 209-230.

Moser 1979 (s. Lit. zu Kap. V).

Hahn, Gerhard: Walther von der Vogelweide oder: Ein Spruchdichter macht Minnesang. In: Romantik und Moderne. Festschr. H. *Motekat.* Frankfurt 1986, S. 197-212.

Behr, Hans-Joachim: Walthers Sprüche im Unmutston. Überlegungen zu ihrer
  Kohärenz. In: *Mück,* Hans-Dieter: Walther von der Vogelweide. Beiträge zu Le-
  ben und Werk. Stuttgart 1989, S. 391-401.
Cormeau, Christoph: Versuch über typische Formen des Liedeingangs bei Wal-
  ther: In: *Müller,* Jan-Dirk, *Worstbrock,* Franz Josef (Hgg.): Walther von der Vo-
  gelweide. Hamburger Kolloquium 1988 zum 65. Geburtstag von K.-H. *Borck.*
  Stuttgart 1989, S. 115-126.
Müller 1990 (s. Lit. zu Kap. I).
Bein, Thomas: Das hochmittelalterliche deutsche Lied als überlieferungsgeschicht-
  liche, poetologische und philologische Größe. Eine Problemskizze. Jb. f. internat.
  Germanistik XXV, Heft 2 (1993), S. 36-49.
Tervooren 1993 (s. Lit. zu Kap. II).

Literatur zu Kap. IX

Bemerkungen zu Stil und poetischer Technik finden sich in den kritischen
Ausgaben zu einzelnen Dichtern (Marner, Friedrich von Sonnenburg, Bruder Wernher, der Meißner, Frauenlob, Hermann Damen) und natürlich zu
Walther, zu dem unbedingt die breite Spezialliteratur herangezogen werden
muß. Als Materialsammlung für das 13. Jahrhundert noch immer nicht ersetzt: *Roethe* 1887, S. 258-351. Weiter:

Curtius 1948 (s. Lit. zu Kap. VI und VII).
Moser 1957 (s. Lit. zu Kap. IV).
Petzsch, Christoph: Lied Nr. III des Kanzlers. Argumentieren per analogiam. Zfd-
  Ph 98 (1979), S. 402-406.
Grubmüller, Klaus: Die Regel als Kommentar. Zu einem Strukturmuster in der
  frühen Spruchdichtung. Wolfram-Studien V (1979), S. 22-40.
Huber, Christoph: Wort sint der dinge zeichen. Untersuchungen zum Sprach-
  denken der mhd. Spruchdichtung bis Frauenlob. Zürich und München 1977
  (MTU 64).
Baltzer, Ulrich: Strategien der Persuasion in den Sangsprüchen Walthers von der
  Vogelweide. ZfdA 120 (1991), S. 119-139.

Wichtig, wiewohl späteren Dichtern gewidmet:
Stackmann 1958 (s. Lit. zu Kap. III).
Kibelka, Johannes: Der ware meister: Denkstile und Bauformen in der Dichtung
  Heinrichs von Mügeln. Berlin 1963, S. 314-350 (Phil. Stud. u. Quellen 13).
Lämmert, Eberhard: Reimsprecherkunst im Spätmittelalter. Eine Untersuchung
  der Teichnerreden. Stuttgart 1970, S. 195-248.
Behr, Hans-Joachim: Der ›ware meister‹ und der ›schlechte lay‹. Textlinguistische
  Beobachtungen zur Spruchdichtung Heinrichs von Mügeln und Heinrichs des
  Teichners. Zs. f. Literaturwiss. u. Linguistik 10 (1980), S. 70-85.

Literatur zu Kap. X

1. Zur Musik des Minnesangs

Jammers, Ewald: Untersuchungen über Rhythmik und Melodik der Melodien der Jenaer Liederhandschrift. Zeitschr. f. Musikwiss. 7 (1924/25), S. 265-304.
Gennrich 1932 (s. Lit. zu Kap. VI und VII).
Spanke 1936 (s. ebd.)
Gennrich, Friedrich: Liedkontrafaktur in mhd. und ahd. Zeit. ZfdA 82 (1948/50), S. 105-141. Überarbeitet wieder abgedruckt: H. Fromm (Hg.), Der deutsche Minnesang. Aufsätze zu seiner Erforschung. Darmstadt 1961, S. 330-377 (WdF 15).
Ders.: Grundsätzliches zur Rhythmik der mittelalterlichen Monodie. Die Musikforschung 7 (1954), S. 150-176.
Taylor, Ronald J.: The musical knowledge of the MHG poet. MLR 49 (1954), S. 331-338.
Mohr, Wolfgang: Wort und Ton. In: Bericht über den Intern. musikwiss. Kongreß. Hamburg 1956/1957, S. 157-162.
Taylor, Ronald J.: Zur Übertragung der Melodien der Minnesänger. ZfdA 87 (1956/57), S. 132-147.
Müller-Blattau, Joseph M.: Zur Erforschung des einstimmigen dt. Liedes im Mittelalter. Die Musikforschung 10 (1957), S. 107-113.
Aarburg, Ursula: Melodien zum frühen deutschen Minnesang. ZfdA 87 (1956/57). In wesentlich neu gestalteter Fassung in: H. *Fromm* (Hg.): Der deutsche Minnesang. Aufsätze zu seiner Erforschung. Darmstadt 1961, S. 378-421 (WdF 15).
Ackermann, Friedrich: Zum Verhältnis von Wort und Weise im Minnesang. WW, Sammelbd. 4 (1962), S. 177-188.
Husmann, Heinrich: Minnesang. MGG 9 (1961), Sp. 351-362.
Kippenberg, Burkhard: Der Rhythmus im Minnesang. Eine Kritik der literar- und musikhistorischen Forschung. Mit einer Übersicht über die musikalischen Quellen. München 1962 (MTU 3).
Mohr, Wolfgang: Vortragsform und Form als Symbol im mittelalterlichen Liede. In: Festschr. Pretzel. Berlin 1963, S. 128-138.
Bertau 1964 (s. Lit. zu Kap. VI und VII).
Touber, Anthonius Hendrikus: Zur Einheit von Wort und Weise im Minnesang. ZfdA 93 (1964), S. 313-320.
Lomnitzer, Helmut: Zur wechselseitigen Erhellung von Text- und Melodiekritik mittelalterlicher deutscher Lyrik. In: P. F. *Ganz* u. W. *Schröder* (Hgg.): Probleme mittelalterlicher Überlieferung und Textkritik. Berlin 1968, S. 118-144.
Müller-Blattau, Wendelin: Versuche zur musikalischen Gestaltung des mittelalterlichen Liedes. ZfdPh 90 (1972), Sonderheft S. 153-169.
Werf, Hendrik van der: The chansons of the troubadours and trouvères. A studie of the melodies and their relations to the poems. Utrecht 1972.
Gülke, Peter: Mönche, Bürger, Minnesänger. Musik in der Gesellschaft des europäischen Mittelalters. Leipzig 1975.
Räkel, Hans-Herbert S.: Die musikalische Erscheinungsform der Trouvèrepoesie. Bern/Stuttgart 1977.

Richter 1979 (s. Lit. zu Kap. VIII).

Jammers, Ewald: Die Manessische Liederhandschrift und die Musik. In: W. *Koschorreck* u. W. *Werner* (Hgg.), Codex Manesse. Die große Heidelberger Liederhandschrift. Kommentar ... Kassel 1981, S. 169-187.

Richter, Lukas: Probleme des spätmittelalterlichen deutschen Liedes. In: Deutsche Literatur des Spätmittelalters. Ergebnisse, Probleme, Perspektiven der Forschung. Greifswald 1986, S. 142-165.

Brunner, Horst: Die Töne Bruder Wernhers. Bemerkungen zur Form und zur formgeschichtlichen Stellung. In: *Just*, M. und *Wiesend*, R. (Hgg.): Liedstudien. W. Osthof zum 60. Geburtstag. Tutzing 1989, S. 47-60.

Schweikle, Günther: Minnesang. Stuttgart 1989, S. 34-59 (Samml. Metzler 244).

Lug, Hans Robert: Nichtschriftliche Musik. In: A. u. J. *Assmann*/Chr. *Hardmeier* (Hgg.): Schrift und Gedächtnis. Archäologie der literarischen Kommunikation I. München ²1993, S. 245-263.

2. Zur Aufführung

Dronke, Peter: Die Lyrik des Mittelalters. Eine Einführung. München 1973, S. 1-20.

Niles, Bernd: Pragmatische Interpretationen zu den Spruchtönen Walthers von der Vogelweide. Ein Beitrag zu einer kommunikationsorientierten Literaturwissenschaft. Göppingen 1979 (GAG 274).

Kleinschmidt, Erich: Minnesang als höfisches Zermonialhandeln. Arch. f. Kulturgesch. 58 (1976), S. 62-92.

Scholz, Manfred Günter: Hören und Lesen. Studien zur primären Rezeption der Literatur des 12. und 13. Jahrhunderts. Wiesbaden 1980.

Kästner 1981 (s. Lit. zu Kap. III).

Bumke, Joachim: Höfische Kultur. Literatur und Gesellschaft im hohen Mittelalter. Bd. 1. Frankfurt 1986, S. 301-313.

Mertens, Volker: Kaiser und Spielmann. Vortragsrollen in der höfischen Lyrik. In: Höfische Literatur, Hofgesellschaft, höfische Lebensformen, hg. v. G. *Kaiser* und J.-D. *Müller*. Düsseldorf 1986, S. 455-468 (Studia humaniora 6).

Schweikle 1989 (s.o.), S. 50-56.

Willms, Eva: Liebesleid und Sangeslust. Untersuchungen zur deutschen Liebeslyrik des späten 12. und frühen 13. Jahrhunderts. München 1990, S. 35-46 (MTU 94).

Hahn, Gerhard: *dâ keiser spil*. Zur Aufführung höfischer Literatur am Beispiel des Minnesangs. In: G. *Hahn* – H. *Ragotzky* (Hgg.): Grundlagen des Verstehens mittelalterlicher Literatur. Stuttgart 1992, S. 86-107, hier S. 86-89.

Strohschneider, Peter: Aufführungssituation: Zur Kritik eines Zentralbegriffs kommunikationsanalytischer Minnesangforschung. In: *Janota*, J.: Kultureller Wandel und die Germanistik in der Bundesrepublik. Bd. 3. Tübingen 1993, S. 56-71.

Literatur zum Kap. XI

Ittenbach, Max: Minnesprüche Meinlohs von Sevelingen und Dietmars von Eist; Kreuzstrophe Friedrichs von Hausen. In: *Moser*, Mhd. Spruchdichtung, S. 227-245 (zuerst 1939).

Schmidt, A.: Die politische Spruchdichtung – eine soziale Erscheinung des 13. Jahrhunderts. Wolfram-Jahrbuch 1954, S. 43-109

Stackmann 1958 (s. Lit zu Kap. III), S. 173-183.

Hauck, Karl: Mittellateinische Literatur. In: Deutsche Philologie im Aufriß, hg. v. W. *Stammler*. Bd. II. Berlin 1960, Sp. 2555-2624.

Adler, Alfred: Die politische Satire. GRLMA VI,1. Heidelberg 1968, S. 275-314.

Hatto, Arthur Thomas: The earliest extant MHG political songs. Friedrich von Hausen's *Sie welnt dem tôde entrunnen sîn* and *Ich gunde es guoten frouwen niet*. In: Melanges pour Jean Fourquet. München 1969, S. 137-145.

Ploss, Emil: Der Beginn politischer Dichtung in deutscher Sprache. ZfdPh 88 (1969), S. 1-18.

Brunner, Horst: Überlieferung und Rezeption der mhd. Lyriker im Spätmittelalter und in der frühen Neuzeit. In: *Müller-Seidel*, Walther: Historizität in Sprach- und Literaturwissenschaft. Vorträge und Berichte der Stuttgarter Germanistentagung 1972. München 1974, S. 133-141.

Schmidt-Wiegand, Ruth: ›kiesen‹ und ›weln‹ in der mhd. »Spruchdichtung«. In: Festschr. *Moser*. Berlin 1974, S. 358-369.

Benzinger, Josef: Zum Wesen und zu den Formen von Kommunikation und Publizistik im Mittelalter. Publizistik 15 (1970), S. 295-318.

Kleinschmidt 1974 (s. Lit. zu Kap. V), bes. S. 138ff.

Müller 1974 (s. Lit. zu Kap. VIII).

Nowak 1975 (s. Lit. zu Kap. V), S. 282-303.

Brunner, Horst: Das deutsche Liebeslied um 1400. In: Gesammelte Vorträge der 600-Jahrfeier Oswalds von Wolkenstein, hg. v. H. D. *Mück* und U. *Müller*. Göppingen 1978, S. 105-146 (GAG 206).

Hahn, Gerhard: Möglichkeit und Grenzen der politischen Aussage in der Spruchdichtung Walthers von der Vogelweide. In: Chr. *Cormeau* (Hg.): Deutsche Literatur im Mittelalter. Kontakte und Perspektiven. Stuttgart 1979, S. 338-355.

Huber 1977 (s. Lit zu Kap. IX).

Rieger 1980 (s. Lit. zu Kap. IV).

Haase, Annegret: Die Herausbildung des institutionalisierten Meistersangs bis zum 15. Jahrhundert unter besonderer Berücksichtigung traditioneller Bezüge zwischen der Sangspruchdichtung und dem Meistersang. Diss. (masch.) Greifswald 1982.

Ashcroft, Jeffrey: Die Anfänge von Walthers politischer Lyrik. In: H. *Birkhan* (Hg.): Minnesang in Österreich. Wien 1983, S. 1-24.

*Schanze*1983 (s. Lit. zu Kap. II).

Hahn, Reinhard: Minnesang – Sangspruchdichtung – Meistersang. Anmerkungen zu einem Problem der Literaturgeschichtsschreibung. Acta universitatis Wratislaviensis No. 712 (1984), S. 181-194.

Kern, Peter: Entaktualisierung in der Jenaer Liederhandschrift? Fassungsvarianten zweier Spruchstrophen Bruder Wernhers in den Hss. C und J. ZfdPh 104 (1985), Sonderheft, S. 157-166.

Schröder, Werner: Die Sprüche im Bogenerton und die Anfänge in Walthers Spruchdichtung. ZfdA 118 (1989), S. 165-175.

Behr, Hans-Joachim: Literatur als Machtlegitimation. Studien zur Funktion der deutschsprachigen Dichtung am böhmischen Königshof im 13. Jhd. München 1989, bes. S. 59-123 (Forschungen z. Gesch. d. älteren dt. Literatur 9).

Kern, Peter: Der Reichston – Das erste politische Lied Walthers von der Vogelweide. ZfdPh 111 (1992), S. 344-362.

Thomas, Heinz: König Wenzel I., Reinmar von Zweter und der Ursprung des Kurfürstentums im Jahre 1239. In: Festschr. R. *Kottje*. Frankfurt 1992, S. 347-372.

Nix, Matthias: Untersuchungen zur Funktion der politischen Spruchdichtung Walthers von der Vogelweide. Göppingen 1993 (GAG 592).

Literatur seit 1995 (in Auswahl)

Zu Kap.I.: Einführende Literatur, Überblicke.

Brunner, Horst: Sangspruchdichtung. Die Musik in Geschichte und Gegenwart. Sachteil 8. 2. neubearbeitete Ausg. von L. Finscher. Kassel u.a. 1998, Sp.931 – 939.

*Brunner,*Horst/ *Tervooren*, Helmut (Hgg.): Neue Forschungen zur mittelhochdeutschen Sangspruchdichtung. Sonderheft zu Bd. 119 der ZfdPh. Berlin 2ooo.

Zu Kap. II: Ausgaben

Cormeau, Christoph (Hg.): Walther von der Vogelweide. Leich, Lieder, Sangsprüche. 14. völlig neu bearbeitete Aufl. der Ausgabe K. Lachmanns mit Beiträgen von Th. *Bein* und H. *Brunner*. Berlin /New York 1996.

Ranawake, Silvia (Hg.): Walther von der Vogelweide: Gedichte. 11. Aufl. auf der Grundlage der Ausg. von H. Paul, mit einem Melodieanhang von H. *Brunner*. Teil 1: Der Spruchdichter. Tübingen 1997. (ATB 1).

Alex, Heidrun (Hg.): Der Spruchdichter Boppe. Edition – Übersetzung – Kommentar. Tübingen 1998 (Hermaea N.F. 82).

Zu Kap. II: Handschriften

Hägele, Günter: Augsburger Cantionessammlung. In: Verfasserlexikon, 2. Aufl., Bd. 11, Berlin 2000, Sp. 173-180 (Lateinische Cantiones in überwiegend deutschen Strophenformen, u.a. in Tönen Frauenlobs, Boppes und des Marners, die eindrucksvoll die Interaktion zwischen lateinisch dichtenden Berufsdichtern und Sangspruchdichtern belegen).

Zu Kap. III: Die Dichter in ihrer Zeit.

Haustein, Jens: Marnerstudien. Tübingen 1995 (MTU 1o9).

Brunner, Horst/*Hahn*, Gerhard/*Müller*, Ulrich/*Spechtler* Franz Viktor: Walther von der Vogelweide. Epoche – Werk – Wirkung. München 1996.

Zu Kap. IV: Der Sangspruch in europäischen Bezügen.

Hogenelst, Dini: Sproken en sprekers. Inleiding op en repertorium van de Middelnederlandse sproken. 2 Bde. Amsterdam 1997 (Nederlandse Literatuur en Cultuur in de Middeleeuwen. XVI).

Zu Kap. V: Themen und Darbietungsformen.

Tervooren, Helmut: Reinmar. Studien. Ein Kommentar zu den »unechten« Liedern Reinmars des Alten. Stuttgart 1995.

Cramer, Thomas: Waz hilfet âne sinne kunst? Lyrik im 13. Jahrhundert. Studien zu ihrer Ästhetik. Berlin 1998 (PhStQ 148).

Zu Kap. VIII: Lied - Spruch.
Peil, Dietmar: *Wibes minne ist rehter hort.* Die Beziehung zwischen den Geschlechtern im Spannungsfeld von Minnesang und Spruchdichtung bei Reinmar von Zweter. In: Wechselspiele. Kommunikationsformen und Gattungsinterferenzen in mhd. Lyrik, hg. von *Schilling,* M. und *Strohschneide*r P., Heidelberg 1996, S.179 - 204 (GRM, Beiheft 13).

Zu Kap. X,2: Zur Aufführung.
Strohschneider, Peter: »nu sehent, wie der singet«. Vom Hervortreten des Sängers im Minnesang. In: »Aufführung« und »Schrift« in Mittelalter und Früher Neuzeit, hg. von J.- D. *Müller,* Stuttgart/Weimar 1996, S. 7 - 3o (Germanistische Symposien, Berichtsbände 17).
Tervooren, Helmut: Die »Aufführung« als Interpretament mittelhochdeutscher Lyrik, ebd., S.48 - 66.

Register

b) Wissenschaftler(innen) der Neuzeit

Printed and bound by PG in the USA